さあ、フライフィッシングを始めよう

この本を手にした皆さん、まずはおめでとうございます！ フライフィッシングはアウトドアで楽しむ遊びの中でも、バックパッキング、フリークライミング、クロスカントリースキーなどと並んで「クワイエット・スポーツ（静かなるスポーツ）」と呼ばれるアクティビティーです。

「一日幸せになりたければ酒を飲みなさい。一生幸せになりたければ釣りをおぼえなさい」ということわざがあります。自然の中で、自然を壊すことなく、自然と向き合って楽しむスポーツ。釣り、中でもフライフィッシングを始めることは、あなたにとってきっと一生の楽しみと安らぎになることでしょう。

本書ではこれからこの釣りを始めたいという人が、スムーズにスタートを切り、かつ長年にわたって楽しんでいけるよう、フライフィッシングの楽しさとその始め方を、最新事情も反映させてなるべく具体的にまとめました。この1冊を手掛かりに、ぜひ新しい遊びの世界への扉を開けてください。

（著者）

CONTENTS

第1章 タックルをそろえよう!

- 008 フライフィッシングってどんな釣り？ 渓流から海まで幅広い魚が釣れる
- 010 フライフィッシングの1年
- 012
- 018 基本の道具は6種類
- 020 タックルは「番手」で選ぶ
- 021 長さは「フィート」、太さは「X」表記
- 022 浮かべるフライ 沈めるフライ
- 024 フィールドで快適に過ごす
- 026 タックル以外の小物
- 028 プロショップをのぞいてみよう
- 030

第2章 管理釣り場へ行ってみよう

- 034 なぜ管理釣り場なのか？
- 036 池と川の2タイプの釣り場がある
- 038 タックルと持ち物
- 040 ポンドタイプのおすすめフライ
- 044 ストリームタイプのおすすめフライ
- 046 管理釣り場のルールとマナー
- 048 バーブレスフックについて

Column
- 016 フライフィッシングの歴史
- 032 旅をし、山を歩き、人と触れ合う

第3章 タックルをセットする

- 050 ロッドを継ぐ
- 051 リールをセットする
- 052 ガイドにラインを通す
- 053 リーダーを結ぶ
- 055 ノットを覚えよう
- 064 セットしたタックルを持って移動する

第4章 すぐにできる フライキャスティングを覚えよう

- 066 ロッドの握り方
- 068 キャストの準備
- 072 ピックアップ＆レイダウン
- 076 初歩のキャスティングQ&A
- 078 ロールキャストを覚えよう
- 080 キャスティングの基本用語

006

第5章 管理釣り場で釣ろう

- 082 釣りの基本
- 090 ポンドのドライフライ・フィッシング
- 092 フロータント処理で釣果を伸ばす
- 094 ストリームのドライフライ・フィッシング
- 096 ナチュラルドリフトを演出するメンディングのテクニック
- 098 ポンドのインジケーターフィッシング
- 100 ストリームのインジケーターフィッシング
- 102 ポンドのウエットフライ・フィッシング
- 104 ストリームのウエットフライ・フィッシング
- 106 シンキングラインの釣り
- 108 釣れないと思ったら……

第6章 自然のフィールドを釣る

- 114 渓流のルールとマナーを知ろう
- 116 シーズンごとの釣り方と装備
- 118 釣り場を捜す
- 120 渓流のポイントを覚えよう
- 126 湖のフライフィッシング
- 128 海のシーバス&メバルフィッシング

第7章 フライタックルを詳しく知ろう

- 130 フライロッド
- 132 ロッドまわりの用語集
- 134 フライリール
- 136 リールにラインを巻く
- 138 リールまわりの用語集
- 140 フライライン
- 143 リーダーとティペット

第8章 タイイングにチャレンジしよう

- 146 必要な道具と材料
- 148 「エルクヘア・カディス」を巻く

第9章 キャスティングのステップアップ

- 152 フォルスキャストでループを作る
- 154 バックキャストのホール
- 156 フォワードキャストのホール
- 158 ホールを使ったフォルスキャスト
- 159 シュート

くわしい写真でよく分かる！

タックルえらびからキャスティングの覚え方まで

初歩からのフライフィッシング

フライフィッシングって
どんな釣り？

フライフィッシングには大きく3つの要素がある。
それは「タイイング（毛バリを作ること）」と
「キャスティング（フライラインを使って毛バリを投げること）」と
「フィッシング（魚を釣ること）」だ

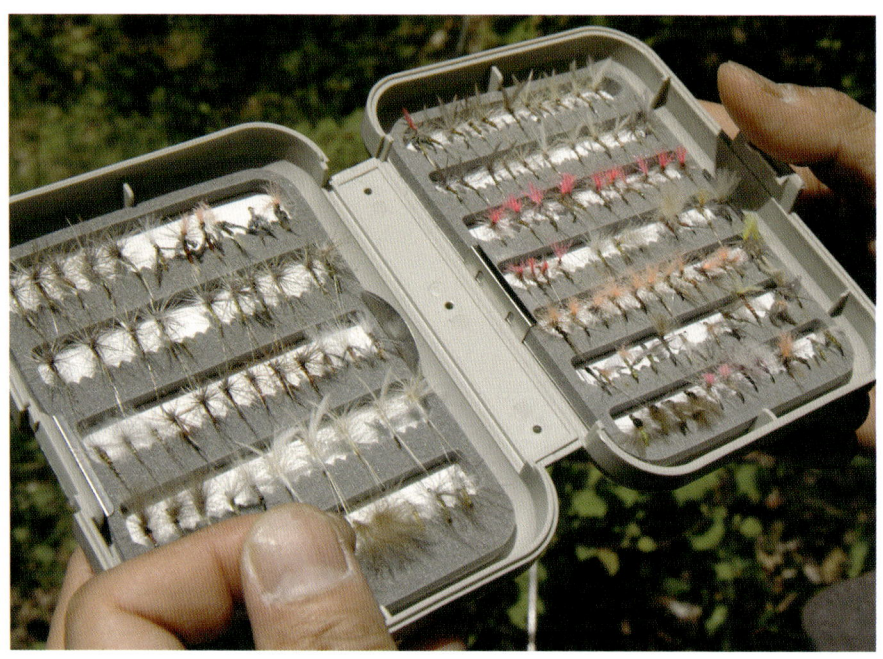

◆タイイング
Fly Tying

フライフィッシングでは毛バリのことをフライという。そのフライを自分で作る行為が「フライタイイング」だ。タイ（Tie）はネクタイのタイで、鳥の羽根などをハリに結ぶ、縛り付けるという意味である。日本語では「巻く」と表現するのが一般的だ。

フライは初めから自分で巻かなければいけないわけではない。すでに出来上がっているものをプロショップと呼ばれるこの釣りの専門店や、管理釣場、さらには通信販売などで購入することもでき、最近はどこでも質のよいものが手に入る。

フライをそろえる時はこれから出会う魚を思い、行く先の釣り場の情景に思いをめぐらす。朝早くならこんなフライを使い、昼間はこんなのを使おう。晴れて暖かい日ならこれ、雨で寒い日ならこれ。釣り場のさまざま状況を考える時、この釣りの楽しみはすでに始まっている。

◆キャスティング
Fly Casting

フライを魚の居場所まで届けるために必要なのが「フライキャスティング」だ。フライラインと呼ばれる専用のラインを空中で動かし、その先に結んだ軽いフライを遠くまで運ぶ。慣れない間は、それは簡単な操作ではないが、自然の中で自由にフライラインを操ることができるようになると、この釣りがまさしくスポーツであることを実感できるようになる。

◆フィッシング
Fly Fishing

フライをキャストできるようになったら、あとはニセモノのエサを使い、いかに魚を釣りあげるかという知的なやり取りを楽しむ。そのためには相手である魚の習性を知り、時には彼らのエサとなる水生昆虫や小魚のことについても知ることが大切だ。状況に合わせたフライを選び、自分の思い描いたイメージどおりに魚が釣れた時の喜びは、誰にとっても格別なものである。

イワナ

ヤマメ

渓流から海まで
幅広いフィールドの魚が釣れる

フライフィッシングの対象魚は、いわゆる渓流の魚に限らない。
近年、タックルやフライが進化するとともに、
ターゲットの数はどんどん増えている

アマゴ

フライフィッシングの最も一般的なターゲットといえば、まずはトラウトと呼ばれるマス（鱒）の仲間だ。日本の渓流に棲むヤマメ、イワナ、アマゴなどはその仲間であり、このほか世界には数多くのトラウトが棲息している。中でもニジマス（虹鱒：北米原産）やブラウントラウト（ヨーロッパ原産）は各地でフライフィッシングの好対象魚となっていて、日本でも一部の川や湖、また管理釣り場などで釣ることができる。いずれも澄んで冷たい水を好み、水生昆虫などの虫も好んで食べるのが特徴だ。

ただ、現在では世界中のさまざまな地域で、あらゆる種類の淡水魚・海水魚がターゲットとされていて、中にはマグロやカジキといった大型の海の魚をねらうようなフライフィッシングもある。

ここでは国内でねらえる対象魚を挙げてみよう。使用するフライはそれぞれ異なるが、その種類の多さにはきっと驚くはずだ。

［淡水］
ヤマメ、アマゴ、イワナ、アメマス、ニジマス（レインボートラウト）、ブラウントラウト、ブルックトラウト、サクラマス、サツキマス、カラフトマス、シロザケ、コイ、ブラックバス、スモールマウスバス　など

［海水］
シーバス（スズキ）、メバル、カサゴ、メッキ、シイラ、カツオ、サバ、クロダイ　など

フライフィッシングの1年①

ここではフライフィッシングで通えるフィールドの紹介を兼ね、東京都在住の筆者の年間スケジュールを紹介しよう。まずは1～6月から

◆ 2月：川
本州の多くの川はまだ禁漁だが、岐阜県や長野県の一部の河川は全国に先駆けて2月中に渓流釣りの解禁を迎える。岐阜県の長良川へ出かけてのアマゴ・シラメ釣りは雪景色の中で楽しむことも珍しくない釣り。長野県の千曲川では早期からヤマメやイワナがねらえ県外からも多くのフライフィッシャーが訪れる

◆ 1月：湖、海、管理釣り場
渓流がシーズンオフの間は、そのほかのフィールドでフライフィッシングを楽しむ。寒さは厳しいが、冬でも結氷しない山梨県の本栖湖でのニジマス釣り、冬の漁港でねらえる千葉県内房のメバル釣り、そして翌シーズンの渓流釣り解禁に向けたウオーミングアップを兼ねた管理釣り場のニジマス釣りなどを楽しむ

◆ 3月：川
静岡県の川や関東の川が順次解禁していく。温暖な伊豆半島を流れる狩野川でのアマゴ釣り、富士山の湧水が流れる山梨県桂川でのヤマメやニジマスの釣りが楽しい

春は里川と呼ばれる人里に近い平坦な川がおもな釣り場

フライフィッシングは四季を通じて楽しめる釣りだ。最も人気のある「渓流のヤマメ・イワナ釣り」は、春、夏、秋に楽しめる。そのほか、管理釣り場、湖、さらには海などの釣りもそれぞれ楽しい時期がある。

自然の渓流はヤマメやイワナの産卵時期にあたる晩秋から翌年の春前までが、都道府県の規則やその川を管理する漁業協同組合の取り決めで禁漁（魚釣りを禁止にする期間）になっている場合が多く、釣りはその期間をのぞく解禁日から禁漁日の前日までで楽しむのが普通で、海はそのような制限はあまりない代わりに、魚種によってよく釣れる時期や場所がだいたい決まっている。管理釣り場は冬場に雪が深くなるなどの条件がない限りは通年営業しているところが多く、基本的には1年中楽しめる。

湖は初期から大ものが釣れるチャンスがある

◆ 4月：川、海

4月になると全国のほとんどの川が解禁になる。川ではカゲロウなどの水生昆虫が活発に羽化を始め、魚がそれらを水面に飛び出して捕食する「ライズ」が見られるようになる。水面に浮かべて使う、ドライフライの釣りが楽しくなる季節の始まりだ。福島県浜通り地方の川、栃木県箒川などが面白い。また、4月になると東京都内の隅田川の河口でシーバス（スズキ）がねらえる。春の海で釣り人がバチと呼ぶゴカイの仲間がいっせいに産卵行動を起こし、シーバスがそれらを盛んに捕食する。すると夕方から夜にかけて、それらのエサを模したフライでシーバスのライズを捜して釣ることができる。スニーカー履き、フライボックス1個の軽装で会社帰りに楽しめる釣りだ。また、3月に解禁した神奈川県の芦ノ湖も盛期を迎える。岸から立ち込んだり、ボートからニジマスやブラウントラウトをねらう

◆ 5月：川、湖

5月は春からの水温の上昇とともに魚たちの活性がいよいよ高くなり、また、後半になるほど東北や北陸地方に見られる雪解けも一段落して、渓流、本流、湖などで、フライフィッシングが最も釣りやすい時期に入る。行きたい川が多く、休日ごとにどこへ行くか迷ってしまう時期だ。新潟県の魚野川水系（ヤマメ・イワナ）、長野県の犀川本流（ニジマス）、栃木県の鬼怒川（ヤマメ）、さらに栃木県の中禅寺湖（ニジマス・ブラウントラウト・ホンマス）に出かけるようになる

◆ 6月：川

5月に続き渓流のフライフィッシングが好調の時期であるが、春先によかった川は水温が魚の好む以上に高くなり釣りづらくなる。それに代わって、水温が低かった上流部がねらいめになる。岩手県や秋田県の渓流（ヤマメ・イワナ）、福島県の舘岩川（ヤマメ・イワナ）などによく行くが、年ごとに行ったことのない川へ出掛け、いろいろな土地を旅するのが楽しい。標高の高い長野県の開田高原では、6月になると水生昆虫や陸生昆虫がたくさん出て、魚の活性が上がる。高原のさわやかな気候の中、西野川や末川（イワナ・アマゴ）がドライフライでよく釣れるようになる

渓流釣りが本格的なシーズンを迎えるのはだいたい5月頃からだ

フライフィッシングの1年②

続いて7～12月の釣り場を紹介。
夏はソルトウオーター（海）のフライフィッシングも楽しくなる

◆8月：海、湖、川
真夏になると相模湾や駿河湾で船からシイラ、カツオがフライで釣れるようになる。釣り船に乗ってシイラやカツオをフライでねらう時は、ロッドは高番手と呼ばれるパワーのあるものを用意し（10番以上）、リールにはバッキングラインと呼ばれる予備のラインを200m以上巻いて、大ものとのやり取りに備える。プロショップなどが主催する釣行会に申し込めば、未経験の人でも安全に海のフライフィッシングを楽しむことができる。このほかには、群馬県の菅沼や大尻沼など高原の湖・沼で手漕ぎボートからニジマスをねらう釣りが面白い。8月になると湖畔に生息するカメムシなどが水面に落ちるため、ドライフライでよく釣れる。川は7月に続き山岳地帯での釣りとなる。南アルプス北岳の麓を流れる野呂川は、水温が低く夏の釣り場である。登山バスを利用して川にアクセスし、夏場のイワナ釣りを楽しむ

◆7月：川、海
夏を迎えると平地の川は水温が高くなり、釣りづらくなる。高度の高い山岳渓流ではイワナ釣りのシーズンとなり、北海道の川のニジマス釣りも面白くなる。また、海のシーバスも面白い季節。長野県の千曲川上流や支流の山岳渓流でイワナをねらう。フライはアリなどを模した陸生昆虫のパターンに反応がよくなる。また、夏休みを利用した遠征先としては、北海道の渚滑川でニジマスがドライフライで釣れる時期になる。本州の渓流でヤマメやイワナをねらう時よりも、ひとまわり以上大きなサイズのフライを使うとよい。さらにはこの季節になると、日中に東京湾でガイドボートに乗ってのシーバス釣りが楽しくなる。夏のシーバスはコンディションがよく引きが強い

◆9月：川、海
9月になって涼しくなると、夏場は水温が上がって釣れなかった場所も再度釣れるようになる。ただし、群馬県や栃木県には9月の途中で禁漁になる川もあるので注意が必要だ。栃木県の鬼怒川（ヤマメ）、新潟県の清津川（ヤマメ・イワナ）はこの時期によく訪れる川。また、夏場に引き続き、ガイドボートに乗ってシーバスをねらう。日中は水面に浮かぶフローティングミノーで釣れ、夜はシンキングラインを使って水中を引っ張るストリーマー（小魚に似せたフライ）で釣れる

船に乗って楽しむオフショアのフライフィッシングは真夏の風物詩

◆ 10月：川、湖

ほとんどの渓流は禁漁になるが、川によっては冬期のニジマス釣り場を設けているところがある。それらのほかに、水温の関係で秋からまた魚が釣りやすくなる湖や、この時期からさまざまな魚が釣れるようになる北海道に足を向ける。

北海道は海から川へ遡上してくるアメマスの釣りと川にいるニジマスの釣りが面白い。アメマスをねらう時は、エッグフライと呼ばれる魚の卵に似せたフライを使い、ニジマスはドライフライとニンフでねらう。阿寒湖や屈斜路湖などの北海道・道東にある湖では、ドライフライやストリーマーを使った釣りが楽しめる

◆ 11月：川、海、湖

事前に申し込みをするとシロザケ（鮭）を釣れる川が全国にいくつかある。本州のサケ釣りは10月、11月がシーズンとなる。新潟県の荒川、福島県の請戸川や木戸川などいくつかあるが、いずれの場所も釣りをするには事前に申し込みをして、予約する必要がある。そのほか、東京湾のシーバスはこの季節になると大型が釣れる。ボートから夜の釣りになり、フライはストリーマーを使う。また、芦ノ湖は毎年12月下旬まで釣りができるが、この季節になると数は出ないが、コンディションのよいきれいな魚をねらうことができる

◆ 12月：川

12月はどうしても釣りものが少ない時期になるため、フライキャスティングの練習をしたり、管理釣り場で新しく巻いたフライを試したりすることが多い。そのほかには身近な川でコイをねらったりする。東京都内を流れる多摩川の河原でフライキャスティングの練習をしながら、気が向いたら近くを泳ぐコイをねらう。コイが集まって水面のエサを求めて口をパクパクしている場所を見つけたら、ドライフライでねらってみると面白い

秋のシロザケ釣りは近年徐々に参加できる河川が増えてきている

フライフィッシングの歴史

Column

フライフィッシングの歴史については海外にも諸説がある。有名なのは古代ローマ人が残したとされる記録だ。その中にはマケドニア地方で行なわれていた、赤いウールと鳥の羽根を作った疑似餌による魚釣りの記述があるという。中にはもっと古い記録が残っているという説もあるが、いずれにしても今日のフライフィッシングの原型は15世紀までのイギリス（イングランドやスコットランド）でおよその形を整え、19世紀に入るとさらに盛んになって名士たちによる釣りクラブが設立されたり、フライフィッシング関連の書籍が数多く出版されるようになった。

19世紀の後半からは、当時の新大陸であったアメリカの東海岸でもフライフィッシングが広まっていく。産業革命と重なる19世紀はまさにフライフィッシングの転換点だった。それまでの木に代わり、より柔軟でしなやかな竹（バンブー）がフライロッドの材料として使われるようになり、馬の尾の毛で作られていたフライラインはシルクラインに代わっていった。その後、二度の大戦を経てフライフィッシングの先進地はイギリスからアメリカへ完全に移り、アメリカ国内では東海岸から西海岸へのフライフィッシングの拡大が進む。

やがて戦後の混乱により、日本ではフライフィッシングがしばらく表舞台から消えるが、1992年に映画「リバー・ランズ・スルー・イット」が公開されると、折からのアウトドアブームもあって爆発的に愛好者が増加した。この現象は実は世界でも共通したものであり、現在ではアメリカ、イギリスはもちろん、日本や韓国などのアジア、ヨーロッパ、アフリカ、南アメリカなど、各地でフライフィッシングが楽しまれている。

日本では明治維新以降にフライフィッシングが紹介されるようになったが、その始まりはスコットランド人で実業家であったトーマス・グラバー氏であるといわれている（福田和美著『日光鱒釣紳士物語』）。彼が深くかかわった中禅寺湖には、各国の外交官や日本

第1章
FLY TACKLES

タックルをそろえよう！

フライフィッシングを始めるには、
どんな道具をそろえればよいのだろうか？
また、予算はいくらくらいかかるのだろうか？
ここでは基本的なタックル（＝釣り道具）を紹介する

基本の道具は6種類

フライフィッシングにまず必要なのはロッド、リール、フライラインなどの主要な釣り道具だ。これらを一般にタックルもしくはフライタックルと呼ぶ。
最近は必要なタックル一式をセットにした入門者用キットも多くのメーカーから発売されており、それらであれば2万円前後でひととおりのものがそろう

1：フライロッド　Fly Rod
2：フライリール Fly Reel
3：フライライン Fly Line
4：テーパードリーダー Tapered Leader
5：ティペット Tippet
6：フライ Fly

1・2

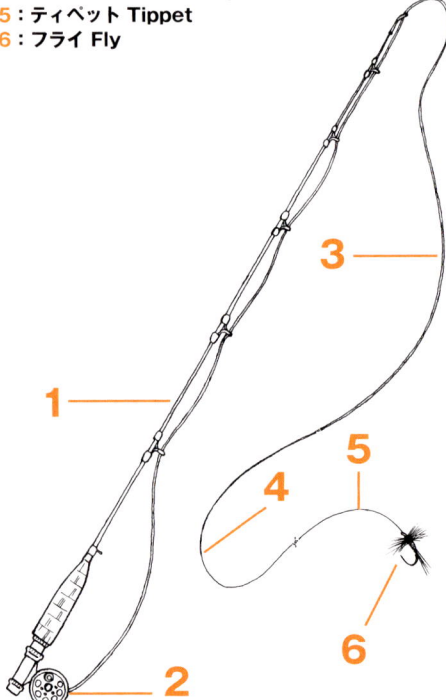

1：フライロッド　Fly Rod
2：フライリール Fly Reel

フライフィッシングのタックルの中で中核となるフライロッド。両手で使うツーハンド・ロッドと片手で使うシングルハンド・ロッドの大きく2タイプがあり、日本の渓流や管理釣り場ではおもにシングルハンド・ロッドを使う。長さは小渓流のような狭い場所では7フィート6インチ～8フィート。湖のような開けた場所では長めの8フィート6インチ～9フィートくらいのロッドを使うことが多い。

フライリールはシンプルな構造のものが多く、使用しない分のフライラインを収納しておくのがおもな役割。使用するフライラインに合わせてサイズを選ぶ。中のフライラインを出す時は直接手で引っぱり、ハンドルは余分なラインを回収したい時にのみ使用する。リールの中にはラインのほかにバッキングラインという下巻き用のイトを巻く。

ロッドとリールにはどちらも「#3（3番）」「#4（4番）」などの「番手（ばんて）」と呼ばれる数字が割り当てられており、これらはそのロッドやリールで使うのに適したフライラインのサイズを示している。

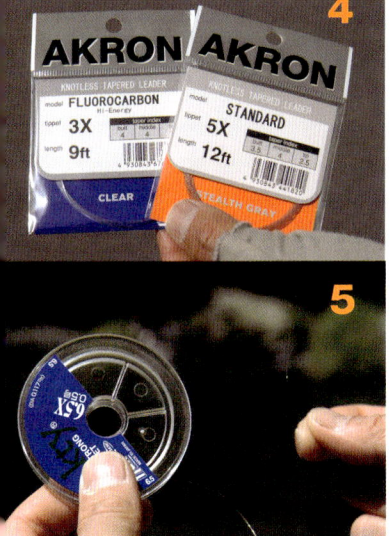

3：フライライン Fly Line

フライキャスティングを行なえるようにデザインされた専用のラインで、水面に浮くフローティングラインと、水中に沈むシンキングラインの大きく2タイプがある。フローティングラインはオレンジやイエローなどの明るい色のもの、シンキングラインはオリーブなど水に馴染む暗い色のものが多い。ラインの後端はバッキングラインに結び、先端側には透明なリーダーを結ぶ。

フライフィッシングでは、釣りたい魚や場所によって必要なラインの重さやタイプが変わる。フライラインの重さを示した数字が「番手」で、数字が小さいほどラインが軽く、逆に数字が大きいほどラインが重い。小さなサイズのフライで繊細に釣る時はラインも小さな番手が使いやすく、飛距離を出して大きな魚をねらう時はラインも大きな番手が使いやすくなる。

4：テーパードリーダー Tapered Leader
5：ティペット Tippet

フライラインの先にはテーパードリーダーやティペットと呼ばれるナイロン製やフロロカーボン製のラインを接続する。テーパードリーダーは太さが徐々に変わるようにデザインされた透明なライン（一部色付きのものもある）。太さが均一のラインはティペットと呼ばれる。2つのラインを接続することで、小さなフライがスムーズにキャスティングができるようになるほか、色の付いているフライラインを魚から離して釣ることができる。

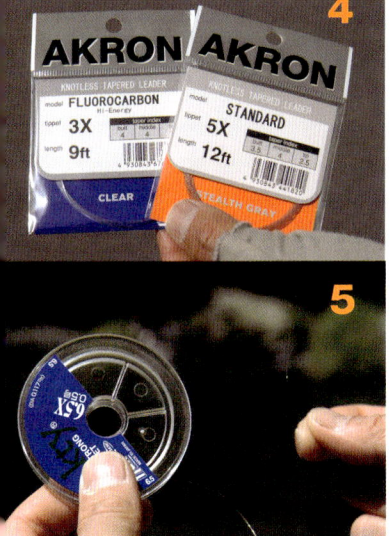

6：フライ Fly

水生昆虫を模したものから、小魚を模したものまで、さまざまな種類があり、ドライフライ、ニンフ、ウエットフライ、ストリーマーなどいくつかのタイプがある。ねらう魚や釣り場の状況に応じて使い分けるが、水面に浮くのがドライフライで、それ以外のものは水中に沈めて使う。ここではまずタックルの概要を簡単に紹介したが、それぞれの機能や種類についてはほかのページでより詳しく解説しよう。

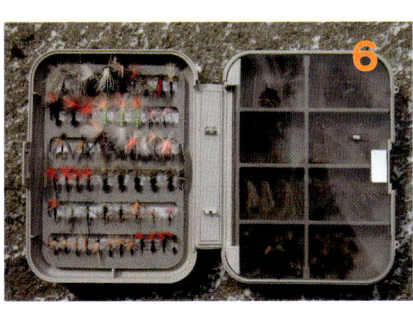

タックルは「番手」で選ぶ

フライタックルでは使用するラインをまず選び、それに合わせた同じ番手のロッドやリールをそろえるというのが道具選びの基本になる

番手（#）と用途

- #1～3　渓流のフライフィッシング向き
- #4～5　広い川、ポンドタイプの管理釣り場向き
- #6～8　広い川、ポンドタイプの管理釣り場、湖向き。#8以上なら海も
- #9～12　海のフライフィッシングなどの大もの釣り用

※高番手ほど使うラインは太く重くなる
※最近はより繊細・軽量なラインを扱える#0などのロッドもある

フライラインは先端30フィート（約9m）の重さによって、#3、#4などの数字が割り当てられ、「3番ライン」「4番ライン」という呼び方がされる。これを番手表記というが、番手表記はロッドやリールのサイズを表わす単位にもなる。なぜなら、#3のフライラインをキャストするのに適したスペックのロッドが#3ロッド、#3のフライラインを収納するのにちょうどよい大きさのリールが#3リール、というサイズ表記をフライフィッシングではするからだ。

渓流釣りなど、繊細で小さなフライを使うことが多い釣りには低番手のラインやロッドが適しており、釣り場が広く使うフライが大きくなるほど、より高い番手のラインやロッドが使いやすくなる。たとえば渓流なら#3～4、広い池（ポンド）タイプの管理釣り場なら#4～5くらいがまずは使いやすい。海の釣りでは#8～10くらいのタックルの出番が多くなる。

長さは「フィート」、太さは「X」表記

番手以外にもフライフィッシングにはいくつかの単位表記がある。それらに馴染んでしまうのもこの釣りを覚える近道だ

◆フィート（ft）、インチ（in）、ヤード（yd）

フライフィッシングではロッドの長さやラインの長さを「フィート」と「インチ」で表わす。1フィートは12インチで、メートル法に換算するとおよそ30cm。1インチはおよそ2.5cmだ。まれに2・5フィートという言い方がされる時があるが、これは正確には2フィート6インチのことなので注意しよう。

なお、7フィート6インチは記号で書くと「7'6"」となり、ロッドメーカーのカタログはほとんどの場合このような書き方で長さが表示される。1ヤードは3フィートでおよそ91cmとなる。

◆エックス（X）

フライラインの先に結ぶテーパードリーダーやティペットといったイトの太さを表わすのには「X（エックス）」という単位が使われる。6Xはおよそ0・6号、7Xはおよそ0・4号で、数字が大きいほど直径が細くなるのが特徴だ。その際、太さが均一でないテーパードリーダーについては「9フィート5X」のように先端の最も細い部分の太さをパッケージに表記することが慣例になっている。

【太さ】

《ティペットの太さの換算表》

04X	直径0.015インチ	直径0.38mm	約5.0号
03X	直径0.014インチ	直径0.36mm	約4.5号
02X	直径0.013インチ	直径0.33mm	約4.0号
01X	直径0.012インチ	直径0.30mm	約3.5号
0X	直径0.011インチ	直径0.28mm	約3.0号
1X	直径0.010インチ	直径0.26mm	約2.5号
2X	直径0.009インチ	直径0.23mm	約2.0号
3X	直径0.008インチ	直径0.20mm	約1.5号
4X	直径0.007インチ	直径0.18mm	約1.0号
5X	直径0.006インチ	直径0.15mm	約0.8号
6X	直径0.005インチ	直径0.13mm	約0.6号
7X	直径0.004インチ	直径0.10mm	約0.4号
8X	直径0.003インチ	直径0.08mm	約0.2号
9X	直径0.002インチ	直径0.05mm	約0.1号
10X	直径0.001インチ	直径0.03mm	約0.06号

※数値はメーカーごとに差がある

【長さ】

1インチ（in）	2.54cm
1フィート（ft）	30.48cm
1ヤード（yd）	91.44cm

《ロッドの長さの換算表》

6フィート	1.83 m
7フィート	2.13 m
8フィート	2.44 m
9フィート	2.74 m
10フィート	3.05 m
11フィート	3.35 m
12フィート	3.66 m
13フィート	3.96 m
14フィート	4.27 m
15フィート	4.57 m
16フィート	4.88 m
17フィート	5.18 m
18フィート	5.49 m

【重さ】

1オンス（oz）	28.35 g
1ポンド（lb）	453.59 g
1グレイン（gr）	0.0648 g

《ライン強度の換算表》

2ポンドテスト	907 g
4ポンドテスト	1814 g
6ポンドテスト	2722 g
10ポンドテスト	3629 g
12ポンドテスト	5443 g
14ポンドテスト	6350 g
16ポンドテスト	7257 g
20ポンドテスト	9072 g
30ポンドテスト	13607 g
50ポンドテスト	22680 g

浮かべるフライ

フライには大きく分けて水面に浮かべて使うタイプと、水中に沈めて使うタイプの2つがある。浮かべて使うのが「ドライフライ」だ

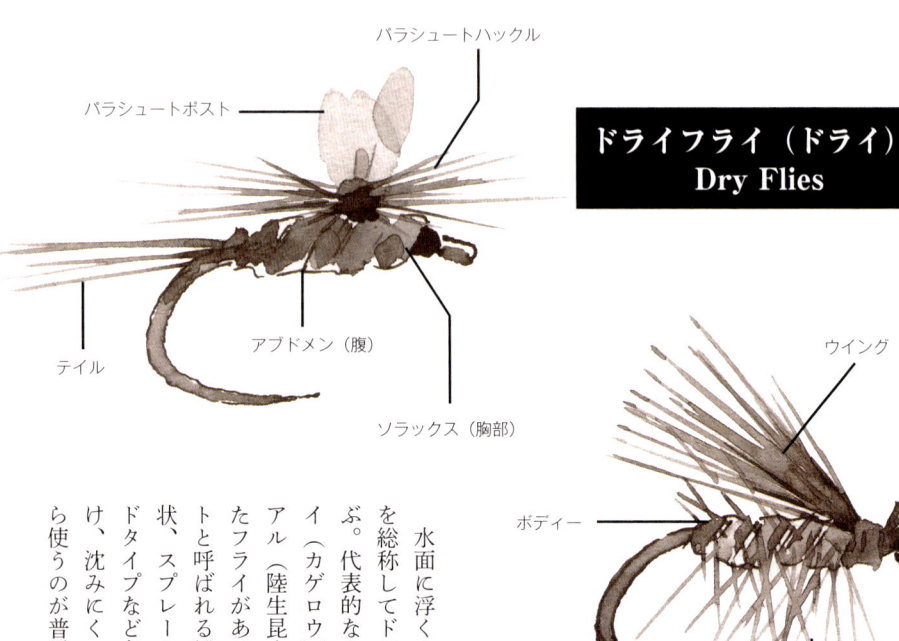

ドライフライ（ドライ）
Dry Flies

水面に浮くタイプのフライを総称してドライフライと呼ぶ。代表的なものにメイフライ（カゲロウ）やテレストリアル（陸生昆虫）などを模したフライがある。フロータント と呼ばれる撥水剤（ジェル状、スプレータイプ、リキッドタイプなど各種ある）を付け、沈みにくいようにしてから使うのが普通だ。

「パラシュートフライ」のようにその形状から名前が付いているもの、「エルクヘア・カディス」のように使っている素材や模している虫から名前が付いているもの（エルクヘアはフライの材料になる大型のシカの毛のこと、カディスは水生昆虫のトビケラのことをそれぞれ指す）、名前はいろいろだが、浮かべて使用するフライはいずれもドライフライだ。魚がフライに出る瞬間が目で確認できるため、視覚的にも楽しい釣りができる。

フライの大きさは使用しているハリ（フック）のサイズで示される。「#10（10番）」や「#16（16番）」というように表記されるが、数字が大きいほどサイズが小さくなるのが特徴である。#20前後の特に小さなサイズのものはミッジフライと呼ばれる。ただし、同じ#10フックでも、メーカーによってその大きさには微妙な違いがあり、さらには同じメーカーの中でも、ドライフライ用のフックとウエットフライ用のフックでは大きさが多少異なっている。

FLY TACKLES 022

パラシュート

ハックルを横方向に巻いてあり、水面での姿勢が安定しやすい。さまざまなバリエーションパターンがある

ガルパースペシャル

スタンダードフライ

ハックルを使った古典的なドライフライ。おもに水面を流れるカゲロウの亜成虫（ダン）や成虫（アダルト）を模している

クイルゴードン

アダムズ

ロイヤルコーチマン

CDCダン

CDC（シーディーシー）と呼ばれる柔らかいカモの尻毛を使ったフライの1パターン。特に春先によく使われる

CDCダン

フォームフライ

フライにはフォームなどの人工素材も用いられる。ラバーレッグを付けて動きが出るようにした大型のものも多い

チェルノブイリアント

ミッジ

非常に小さなサイズのフックに巻いたフライ。ユスリカの成虫やサナギ（ピューパ）を模しているい場合が多い

ミッジアダルト

CDCミッジピューパ

エルクヘア・カディス

エルクというシカの仲間の毛を使ったドライフライ。おもにトビケラ（カディス）の成虫を模している

エルクヘア・カディス

沈めるフライ

水中を漂わせたり泳がせたりして使うタイプには
「ニンフ」「ウエット」「ストリーマー」やそのほかの管理釣り場用フライなどがある

フェザントテイル・ニンフ
キジの尾羽根を材料に使った細身のニンフ。カゲロウの幼虫を模して作られている

ヘアズイヤー・ニンフ
ノウサギの耳の毛を使ったややボリュームのあるニンフ。カゲロウの幼虫を模している

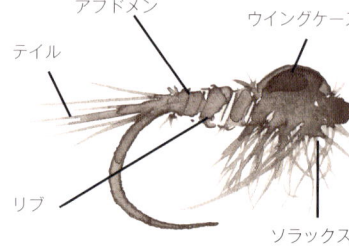

ニンフ　Nymphs

（アブドメン／ウイングケース／テイル／リブ／ソラックス）

シルバー・マーチブラウン
クイル（鳥の風切羽根）をウイングに付けたスタンダードなウエットフライ。羽化途中のカゲロウを模すパターンとしても活躍する

パートリッジ＆オレンジ
柔らかいハックルを巻いて、水中でフワフワと漂うようにした「ソフトハックル」と呼ばれるタイプのウエットフライ。さまざまなバリエーションがある

ウエットフライ（ウエット）　Wet Flies

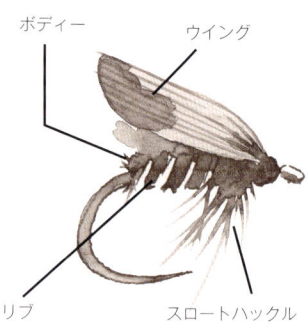

（ボディー／ウイング／リブ／スロートハックル）

◆ニンフ　Nymphs

おもに水生昆虫の幼虫（nymph）をイミテートしたフライをニンフと呼ぶ。沈めて流すパターンがほとんどのため、フライの中にオモリを巻き込んでいるものが多いが、オモリを巻き込んでいないタイプもある。オモリがないものはそのまま使ったり、スプリットショット（ガン玉）と組み合わせたりして使う。

水中を漂わせて釣るため、インジケーターと呼ばれるウキと組み合わせて使うことが多い。低水温で水生昆虫の羽化が少ない時や、魚が水面上のものをあまり食べていない時に使うと効果がある。

◆ウエットフライ（ウエット）　Wet Flies

水中に沈むフライで、羽化途中の水生昆虫を模したものや、特定の虫を模しているわけではないが、ある種の虫っぽさで魚を誘うタイプのフライをウエットフライと呼ぶ。フライフィッ

テイル
ボディーハックル
ボディー

ストリーマー　Streamers

ゾンカー
皮付きのウサギの毛をシャンクに乗せたパターン。水中で引っ張るとユラユラと小魚のように泳ぐ

ウーリーバガー
マラブーと呼ばれる柔らかい鳥の毛をテイルに取り付けたパターン。テイルのフワフワした動きで魚を誘う

そのほかのフライ　Other Flies

ビーズヘッド・マラブー
ヘッドに目立つビーズヘッドを付け、テイルとボディーにマラブー巻いたもの。管理釣り場の定番フライ

オクトパスボム
エッグフライに似た管理釣り場の人気パターン。カラーを変えて数色をローテーションしながら釣る

エッグ
もともとは海外のサケが遡上する川で、その卵をねらうほかのトラウトを釣るために考案されたパターン

◆ストリーマー　Streamers

ほかのフライが水生昆虫や陸生昆虫などの虫を模しているのに対し、大きな魚のエサとなる小魚を模して作られたフライ。ルアーのように水中を引っ張って使う。小魚に似せることを重視したものから、魚の興味や攻撃本能を刺激することをねらったアトラクターまで、さまざまなタイプがある。ウェットフライよりもさらに長いウィングが付いたパターンが多く、フックもストリーマーフックと呼ばれる長いタイプのものが使用される。

◆そのほかのフライ　Other Flies

ドライフライ、ニンフ、ウェットフライ、ストリーマーのほかに、フライには特定のパターンには分類しにくいものが多いが、魚の興味を引いてよく釣れるパターンが存在する。魚の卵を模して作った「エッグフライ」もその1つ。いかにも管理釣り場用のフライには、派手な色合いのものやユニークな形をしたものがある。釣り、色彩的な美しさも兼ね備えた、クラシックなパターンが数多くある。水面直下を漂わせるようにして魚を釣り、ウイングと呼ばれるパーツを付けたものが多いが、水中で姿勢が崩れにくいよう、ウイングの形に決まりはない。ウェットフライが新しく出来上がっていった。そのほかの種類のフライが、大もの釣り用に小魚を模したストリーマーなど、その他のフライを模したニンフ、虫の幼虫をよりリアルに模したニンフ、

フィールドで快適に過ごす

フライフィッシングを楽しむ時、タックル以外でそろえたい身に付けるアイテムがいくつかある。必要なものから少しずつそろえよう

キャップもしくはハットはフライフィッシングの必需品

管理釣り場ならより身軽な服装で楽しめる。足もとはスニーカーで大丈夫な場合も多いが、ニーブーツを履いておけば魚をすくう時など水辺のちょっとした作業でも濡れる心配がなく安心だ

自然渓流にしろ管理釣り場にしろ、フライフィッシングを始めるならまず身に付けたいのは、頭を保護するキャップもしくはハットと、水面の反射を抑えて水面のフライや魚を見やすくし、かつフライなどから目を保護するフィッシング用の偏光グラスだ。これらは釣り場にかかわらず必要である。

そして、渓流や湖などの自然のフィールドで、水の中に入って釣りをする時に必要となるのが、ウエーダーおよびウエーディングシューズだ。ウエーダーは低価格のもので1万円前後からある。管理釣り場ならウエーダーなしで釣りができるところも多いので、初めのうちは最低限のフライタックルをまずそろえ、その後必要に応じて購入を検討しよう。

細かな釣り具を収納するものには、大きく分けてフィッシングベストとフィッシングバッグがあるが、管理釣り場であればどちらでも問題ない。足場のよい管理釣り場の場合、最初は簡単なポーチのようなものを用意するだけでも必要な道具は身に付けておくことができる。

また、釣り場では突然の雨に降られることも珍しくなく、朝夕に冷え込むこともよくあるので、防風・防水用のコンパクトなレインウエアはぜひ手に入れよう。フライフィッシング用のものは袖部分やフードが釣りの邪魔にならない専用のデザインが施されている。

（これを「ウエーディング」と呼ぶ）

3「アクセサリーを効率よく収納できるフィッシングベスト」

フィッシングベストはフライフィッシャーのトレードマークともいえるもの。内と外に大小のポケットが配置されており、釣りで必要になるさまざまな小物を効率よく収納できる。また、左右の肩に均等に負荷が掛かるので疲れにくく、キャスティングもしやすいようにデザインされている。アメリカで生まれた機能的なフィッシングウエアだが、キャップよりもハンチングを好む人がいるようにアクセサリーの収納にもベストではなくフィッシング用のショルダーバッグを好む人もいる。管理釣場などで使用するアイテムが限られている時には、チェストパックなどのより小型のバッグも使いやすい。

5「渓流に立ち込むためのウエーダー&ウエーディングシューズ」

川に立ち込んで、渓流を本格的に釣り上がる時に必要になるのがウエーダー。フライフィッシングのウエアの中では高価なものになるが、ウエーダーの性能によって1日の快適さが大いに変わってくるので、なるべく高品質のものを選びたい。ゴアテックスに代表される、透湿・防水素材（水は通さないが湿気は逃がす）のものを選ぶのが必須条件。膝を曲げたり、屈んだりという動作が無理なくできる範囲で、なるべく身体にフィットしたものを選ぶのもコツになる。ストッキングや速乾性の軽く動きやすいロングパンツを履いた上に着用。シューズと一体になっているものをブーツフット・ウエーダー、ウエーディングシューズが別になっているものをストッキングウエーダーという。いろいろな釣り場に足を運ぶつもりなら、より高い運動性能を確保できるストッキングウエーダーがおすすめだ。

1「水中がよく見える偏光グラス」

水中の石や魚がよく見えることは、釣果を伸ばしたり川を安全に渡ったりするうえで欠かせない機能。そこで、フライフィッシングでは紫外線を防ぐだけでなく、水面からの光の乱反射をさえぎってクリアな視界を確保する偏光グラスが必需品になる。ブラウンやグレーのレンズが1日を通じ使いやすく、光量の落ちる夕方用にイエローなどの予備を持つのもよい。

2「頭部を保護するキャップ」

フライメーカーやプロショップのオリジナルアイテムも多いフィッシングキャップ。日差しや思わぬ怪我から頭を保護する必須アイテムだが、よりゆったりとしたフィット感があり、首筋の日焼けも防いでくれるハットも人気がある。また、よりクラシックなスタイルを演出できるハンチングを好んで被る人もいる。

4「通気性・速乾性にすぐれたフィッシングシャツ」

渓流ではTシャツで過ごせるような気温の日でも、長袖のシャツを着るほうが快適だ。腕や首筋が日焼けすると思った以上に疲労するほか、袖がない服装だと川岸のヤブをかき分ける時などに怪我をしやすく、また、虫にも刺されやすくなる。そこで、通気性と吸汗速乾性にすぐれたフィッシング用のシャツを一着持っておくと重宝する。

6「魚を取り込むランディングネット」

釣った魚をすくうためのネットで、渓流や管理釣り場など釣り場に合わせて大きさを選ぶ。管理釣場では柄が長く、枠がアルミ製のネットが軽くて使いやすい。渓流ではベストの背中に吊るすことのできる小さめのネットがよい。ハンドメイドのネットは高価だが美しく趣がある

第1章：タックルをそろえよう！

タックル以外の小物

タックルとウエアがそろったら、
あとはラインをカットするクリッパーなどの細かいツールが必要だ

「フォーセップ」
釣った魚からフライをはずすために使う。ペンチやプライヤーより細く、小さなフライが摘みやすいようになっている。ピンオンリールやドローコードに付けておくのがおすすめだ

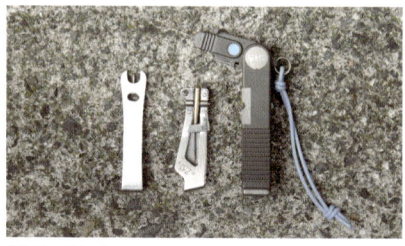

「クリッパー」
爪きり型のカッターでリーダーやティペットを切るのに使う。ピンオンリールと呼ばれる引き延ばしが自由なコードに繋げておき、フィッシングバッグやフィッシングベストなどのすぐに使える場所に取り付けておくとよい。フライのアイの目詰まりを取り除くニードルが付いたものが便利だ

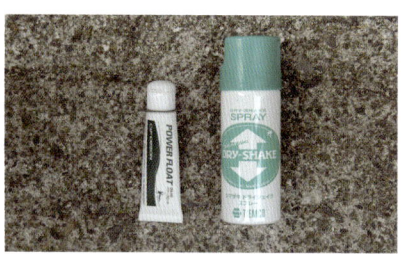

「フロータント」
ドライフライにつける撥水剤のこと。フロータントにはジェルタイプ(糊状:写真左)、リキッドタイプ(液状)、パウダータイプ(粉状)、スプレータイプ(写真右)があり、フライの素材や状況によって使い分けるが、初めはジェルタイプが使いやすい

「ピンオンリール、リトラクター、ドローコード」
引っ張るとコードが伸び、離すとコードが元にもどる。クリッパーやフォーセップはこれに付けておくと便利。最近ではフライを一時的に取り付けておくためのマグネットが付いたものもある

ここではフライフィッシングでよく使う小物類(アクセサリー)をまとめて紹介しよう。

まずはライン(ティペットやテーパードリーダーなど)をカットするクリッパー、魚がくわえたフライを外すためのフォーセップ、それらを落とさないようにするためのピンオンリールやリトラクターなどは、いずれもこの釣りを始めればすぐに必要となるものだ。

また、フライを収納するためのフライボックス、一度使って濡れたフライを刺しておき、フライボックスに戻す前にしばらく乾燥させておくためのフライパッチ、そしてドライフライを沈みにくくするためのフロータントもないと不便なので手に入れておこう。さらに、開けた川や管理釣り場などでは紫外線も強いので日焼け止め、また、特に夏場の釣り場で必要な虫除けスプレーも常備したい。

あとはどんな釣りをするかで細かいアイテムは違ってくる。管理釣り場で

FLY TACKLES

「フライパッチ」
使ったフライを乾かすために、一時的にフライを保持しておくもの。フォーム製のものが多いが、ムートン製やマグネット製のものもある。フィッシングベストやバッグの外側に取り付けておく

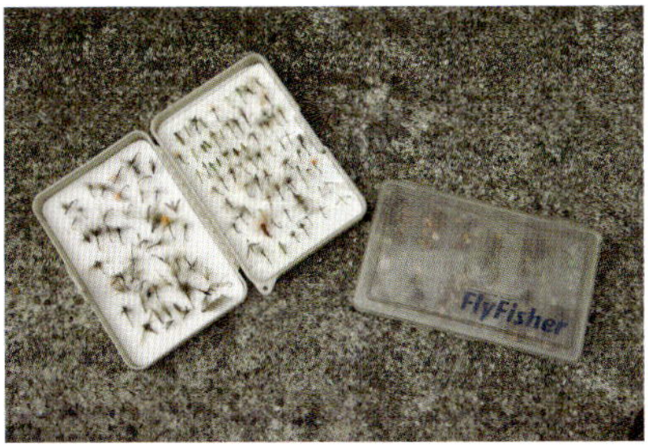

「フライボックス」
フライをしまっておくケース。仕切りが付いたものやフォームにフライを刺しておけるものなどいくつかのタイプがある。ドライフライであれば仕切りの付いたボックスタイプやスリットの入ったフォームタイプがまずは使いやすい。クリップ式のものはウエットフライ専用だ

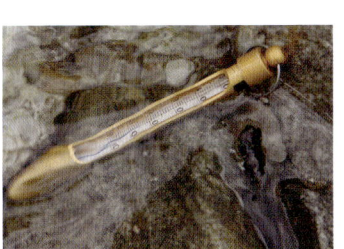

「インジケーター」
おもにニンフを使うときに使用する浮力のある目印のこと。マーカーとも言う。発泡材やフォーム材、ヤーンなどでできている。初めのうちは浮力が強くよく見えるものが使いやすい

「水温計」
なくても釣りに支障はないが、こまめに水温を計るようにすると水生昆虫の羽化や魚の活性を判断するための材料を増やすことができる。アナログの水温計のほかに、デジタル表示の非接触温度計などもある

「シンカー」
シンカーとはフライを沈ませるためにティペットに付ける小さいオモリのことで、切れ目が入っている球状のもの（ガン玉）はスプリットショットと呼ばれる。そのほか粘土タイプのものもある。シンカーをティペットに付ける時は、通常フライの20〜30cm上に取り付ける

「ストマックポンプ＆シャーレ」
釣った魚を殺さずに、胃に差し入れてそれまでに魚が食べていたエサを採集できるのがストマックポンプ。採集したものはシャーレにあけて観察し、その後のフライ選びやフライタイイングの参考にする

インジケーター（ウキ）を付けた釣りをしたいなら、そのためのインジケーターとスプリットショット（ガン玉）が必要だ。自然の川で夕方まで釣りをする可能性があるなら、帰り道の安全を確保するライトもしっかりベストに収納しておきたい。

水温計やストマックポンプなどはすぐに必要になるものではないが、水温の変化と魚の活性の関係を観察したり、魚が実際にどんなエサを食べていたのかをチェックしたりと積極的に活用することで、釣りを楽しむ幅を広げることができる。

029　第1章：タックルをそろえよう！

プロショップをのぞいてみよう

タックルからフライまですべてがそろう専門店がプロショップ。
まずは気軽に足を向けてみよう

釣り雑誌やDVDも旬のタイトルが豊富に手に入る。釣行会、キャスティングやフライタイイングのレッスン会を実施しているところもあるので、お店のポップや掲示板もチェックしてみよう

品数の多いプロショップは、最初はどこにどんなアイテムが並んでいるのかも分かりにくいもの。スタッフに聞けば親切に教えてくれる

フライフィッシングのあらゆる道具が集まっているのがプロショップだ

フライフィッシングはとても趣味性の高い釣りだ。とりあえず管理釣り場などで魚を釣るだけであれば、独学で楽しむこともそれほど難しくないが、将来的に渓流、本流、湖、海といろいろなフィールドに出掛けてみたいと思ったら、最初のタックル選びの段階から専門店をのぞいてみるとよい。

プロショップといわれる専門店には、完成品フライやタックル類が豊富にそろっているのはもちろん、フライフィッシングに詳しい店長やスタッフがいて、地元に密着した釣行会や入門者向けスクールなども開催している。また、フライフィッシングは一度始めれば長く楽しめる一方で、入門者にとっては複雑に思える部分もあり、プロショップではそのあたりの事情をスタッフもよく分かっている。プロショップの「プロ」とは、上手な人の専門店という意味ではなく、これから始めたいという人も上手にサポートできるサービスの「プロ」の意味。まずは気軽に道具の選び方などを相談してみよう。

「フライ」
季節に応じた完成品フライ（コマーシャルフライ）もいろいろな種類ものがある。パターンによっても異なるが、渓流用のドライフライや管理釣り場用のフライなら1本250円前後。近くにフライをつまむためのピンセットや入れ物がある時はそれを利用しよう

「フライロッド」
ロッドはスタンドに立てかけられている場合が多い。お店によっては試振会を行なっているところや、デモロッドを用意しているところもある。予算はこれから始める人であれば1～3万円くらい

「ウエーダー、ウエーディングシューズ」
ウエーダーやウエーディングシューズは試着して身体のサイズに合ったものを購入したい。ウエーダーは2万円くらいから、ウエーディングシューズは1万円くらいから手に入る

「フライリール」
リールはカウンターの周辺のガラスケースに置かれているお店が多い。興味のあるサイズやモデルを相談しながら見せてもらおう。リールは低価格のものなら5000円くらい、中級モデルで1万5000円くらいから

「フライライン」
フライラインも種類が多いのでお店の人におすすめのモデルを聞いてみるのが一番だ。4000円くらいから手に入る

「マテリアル」
壁にずらっと掛けられているものはフライタイイングに使うマテリアル（フライの材料）が多い。そのほか、リーダー、ティペット、フロータントなどの消耗品、クリッパーやフォーセップなどの小物類も置いてある

万が一、訪れたお店のサービスに納得がいかないようであれば、ほかのお店に行ってみればよいのだ。ショップを上手に活用するコツは、「やってみたい釣り」「分からないこと」「予算」などをできるだけはっきりと伝えること。そうすればスタッフも、必要な内容に絞ってより具体的なアドバイスをすることができる。

Column

旅をし、山を歩き、人と触れ合う。釣りから広がる楽しみもFFの大きな魅力

フライフィッシングを始めると、そこから趣味の世界がさらにほかにも広がっていく。

まずは旅の楽しみ。国内の釣り場は、南は沖縄から北は北海道までいろいろなところがある。また、アメリカ、カナダ、ニュージーランド、中南米諸国など海外のフィールドへ出かけるフライフィッシング専門のツアーも、ここ20年ほどでガイドサービス的にも誰にでも料金的にも気軽に参加できるものになってきた。

フライフィッシングで使う用語の多くは英語のため、カタコトであっても、地元のフィッシングガイドとは意外なほどコミュニケーションがとれてしまう。そして現地の人たちと触れ合い、現地の料理を味わうことこそ、海外のフィッシングツアーの醍醐味といえる。国内・国外を問わず、それらの場所はいわゆる観光地ではないところも多い。もしフライフィッシングをしていなければ、訪れることがなかったであろう土地に旅する楽しみも増やせるのである。

また、フライフィッシングでは釣った魚をリリースする前に、写真に撮って思い出に残すことが多い。魚を殺すことなく、きれいな姿で撮っておきたいと思うと、写真撮影そのものに興味を持つきっかけになる。心に残る美しい景色やたくましい魚など、フライフィッシングの世界には恰好の被写体があふれている。

ほかにもランディングネット、フライボックス、バンブーロッド（竹製のフライロッド）などの道具類を手作りするフライフィッシャーもいる。ハンドメイドのスクールを実施しているプロショップもあり、シーズンオフにはこれらに参加するのも楽しみを広げる1つの方法だ。自分で作った美しい道具でフライフィッシングを楽しむ。それもまたひと味違った喜びがある。

第2章 管理釣り場へ行ってみよう

INTRODUCTION TO A FISHING AREA

これからフライフィッシングを覚えたいという人は、
まず全国各地にある管理釣り場へ足を運ぶのがおすすめだ。
自然の川や湖はもちろん楽しいが、
魚が多くシーズンをとおして楽しめる管理釣り場なら、
誰でも気軽にこの釣りの基礎を身に付けることができる

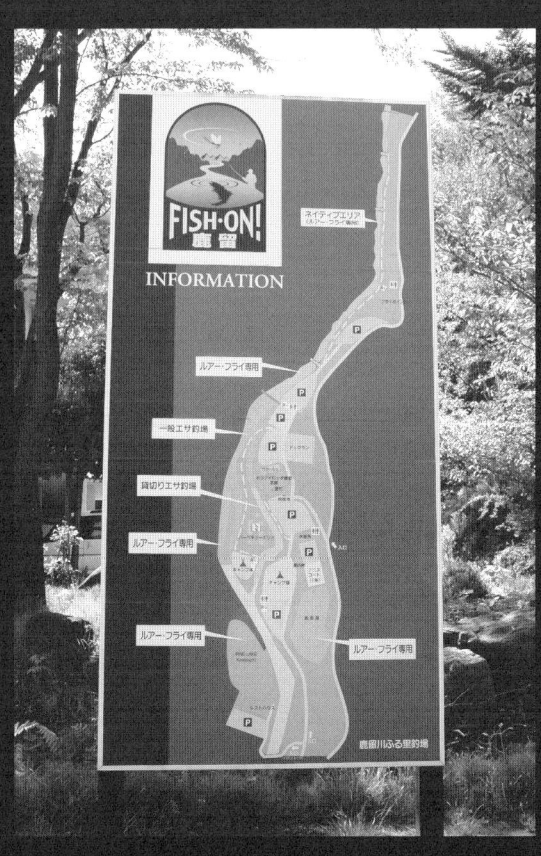

なぜ管理釣り場なのか？

フライフィッシングもまずは1尾の魚を釣ってみることが、
いろいろなフィールドで釣りを楽しむ一番の近道。
「習うより慣れろ」の鉄則はどんな釣りでも変わらない

管理釣り場なら足場も
よく最初からスムーズ
に釣りができる

ひと昔前まで、フライフィッシングを始めた人が自分で魚を釣れるようになるには、最低でも1年かかるとよく言われていた。しかし、最近ではさまざまなタイプの「管理釣り場」があり、基本的な道具さえそろえば、誰でもより確実に1尾目の魚を手にすることができる。

これからフライフィッシングを始めたいという人には、まずは管理釣り場でひととおりの釣りを体験してみることをおすすめしました。

い。それ自体が楽しいのはもちろん、タックルの扱いに慣れる、フライキャスティングに慣れる、魚とのやり取りに慣れる、といったそのほかのフィールドで釣りをするための基本もいち早く身に付けることができ、それでいて最初にそろえるアイテムは最小限ですむからだ。

では、どこの管理釣り場へ行ったらよいか？　当たり前ではあるが、ニジマス、ヤマメ、イワナなどのトラウトがねらえる釣り場で、かつフライフィッシングのできるところを捜そう。インターネットや本・雑誌で調べてもよいし、近くのプロショップで尋ねてみるのもよい。候補の管理釣り場が見つかったら、あとは電話で釣り場の状況を確認する。魚はどれくらい放流しているか、足場はよいか、食事のできるところはあるか、トイレは男女別か、服装はどんなもので大丈夫か、フライは販売しているか、そうした情報を事前に尋ねておくと、無駄なく釣りの準備ができる。

ニジマスのほか、近年はイワナやヤマメなどの渓流魚も多数放流されるようになった。特にストリームの釣り場では渓流フライフィッシングの格好の練習相手になってくれる

対象魚はニジマス（レインボートラウト）が一般的。トラウトの中でもフライのいろいろな動きによく反応する性格を持っている

いくつかのコツを押さえれば、ビギナーであってもフライタックルで魚のヒットを楽しむのは難しくない

全国の管理釣り場で最もポピュラーな対象魚はニジマスだ。ニジマスはもともと北米大陸が原産のトラウトだが、日本でも古くから養殖が行なわれており、フライを捕食するのに積極的な性格を持っている。ドライフライを浮かべる、ウェットフライを引っ張る、インジケーターを使ってニンフを水中に漂わせる、さまざまな釣り方でねらってみよう。ヒットしたあとの引きも力強いので、フライタックルを使ったやり取りの練習相手としても最適だ。

なお、ニジマスは食べてもおいしい魚である。管理釣り場には釣った魚を焼いて食べられるバーベキュー施設を併設しているところも多いので、積極的に利用してみよう。家族や友人と管理釣り場に行く時はそんな楽しみ方もできる。

ニジマス以外では、イワナやヤマメも近年多くの管理釣り場で釣れるようになってきた。釣り場によっては自然の渓流とほとんど変わらない条件で、これらの魚をねらえる場所もある。

いずれにせよ、魚たちは春夏秋冬、シーズンごとに少しずつ異なるフライへの反応を示し、だからこそいつでも訪れる釣り人を楽しませてくれる。まずは1尾、慣れてくればほかの釣り方でもう1尾、少しずつスキルアップをしながらフライフィッシングの世界を広げていこう。

035 第2章：管理釣り場へ行ってみよう

池と川の２タイプの釣り場がある

管理釣り場で数が多いのは「ポンド（池）」タイプの釣り場だ。
そのほかに一般の川の流れを利用した「ストリーム（川、渓流）」タイプがある

足場のよいポンドは手軽に遊べる釣り場として人気。岸際すぐのところにも魚はいるので、近場からていねいにねらってみよう

◆ポンドタイプ

魚を放流している大きな池や沼のことを、一般にポンドの釣り場、もしくはフィッシングポンドなどと呼ぶ。川や渓流の釣り場に対して、水があまり動いていないように見えるため止水（しすい）という表現をされることもあるが、実際はポンドの一部に新しい水を供給する流れ込みがあったり、酸素を行きわたらせるための水車によってある程度の水流ができていることもある。ポンドタイプには次の２つの種類がある。

（ア）人工的に作った池やプール

足場がよく、スニーカー履きでも釣りができる。比較的交通の便がよいところにあり、電車やバスで行ける。管理釣り場の中ではこのタイプが一番多い。釣りやすく初心者にもおすすめである。夏期は水泳用に利用しているプールを、冬期はニジマスを放してポンドタイプの管理釣り場にしているところもある。

（イ）自然の沼やダム湖

自然の沼やダム湖にトラウトを放流し、管理釣り場として運営している場所。釣り場が広くボートやフローターで釣りができるところもある。また、ウエーディングして釣ることができるところもある。自然の湖の釣りに近く、初心者には比較的難しい。

渓流フライフィッシングの感覚を味わうことができるストリームの釣り場。流れの中からフライに魚が飛び出してくる

◆ ストリームタイプ

ストリームタイプは自然の川の一定区間を利用し、流れの中に魚を放している釣り場である。大きく分けて次の2つの種類があるが、どちらも自然の川で釣りをするための練習をする場所としてもぴったりだ。

(ア) 川の流れを石積みなどで仕切り区画分けしているところ

川の流れを仕切ることによって流れが緩やかになっており、初心者にも釣りやすい。魚もよく見える。ウェーダーがなくても釣りができるところが多いが、足もとは不安定だったり崩れやすい場所もあるので、最低でも動きやすい靴を履き、用意があればニーブーツなどで楽しもう。魚がドライフライをくわえるようすなどもよく分かる。管理釣り場とはいえ、自然の山の中にあることが多いので、快適に釣りをするためには虫除けスプレーなどのグッズも忘れないようにしたい。

(イ) 自然渓流

自然のままの渓流に魚を放した釣り場。ウェーダーが必要となるが、魚が安定して放流されていることを除けば普通の川とまったく同じであり、より実践的な練習ができる。近年、漁業協同組合が行なっている冬期のマス釣り場（ヤマメやイワナなどの禁漁期にニジマスを放流し、期間限定で釣り場として開放する場所）もこのタイプに入る。

タックルと持ち物

管理釣り場では最小限のタックルと小物があればすぐに釣りが楽しめる。タックルは各社から発売されている入門セットでも充分だ

「ポンドタイプ」
ロッド：8～9フィート・#4～6
リール：シンプルなクリックドラッグタイプ・#4～6
フライライン：フローティングラインもしくはシンキングライン・#4～6
テーパードリーダー：9～12フィート・4～5X
ティペット：5～6X
フライ：ドライ、ニンフ、ウエット、ストリーマー、管理釣り場用パターン
※ポンドタイプの釣り場は基本的に#4以上のタックルがおすすめ。ストリームタイプの釣り場と両方で使うなら#4もしくは#5くらいがよい
※フライラインはまずフローティングをそろえ、余裕があればシンキングラインのタイプ1もしくはタイプ2があるとよい

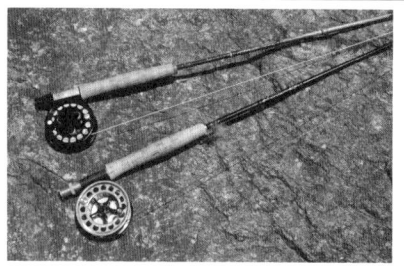

上がフローティングラインをリールに巻いた#4タックル。下がタイプ2のシンキングラインを巻いた#6タックル。長く管理釣り場の釣りを楽しむなら、このように番手とラインを変えて2セットのタックルを用意するのもよい。もちろん、それぞれ川や湖などの自然のフィールドでもそのまま使える

「ストリームタイプ」
ロッド：7フィート6インチ～8フィート6インチ・#3～5
リール：シンプルなクリックドラッグタイプ・#3～5
フライライン：フローティングライン・#3～5
リーダー：9～12フィート・5～6X
ティペット：5～7X
フライ：ドライ、ニンフ、ウエット
※ストリームタイプの釣り場では#3くらいのタックルが取り回しもよく使いやすい。ただしポンドタイプとの併用であれば#4や#5でも釣りはできる

　ポンドタイプとストリームタイプで釣りやすいタックルは多少異なるが、1つのタックルで両方の釣り場をとりあえず釣ってみるなら、まずは#4ロッドとフローティングラインを用意しよう。#4はポンドの釣り場も、渓流的なストリームの釣り場も、どちらにも対応できる中間的な性格の番手なので、多くの管理釣り場で使いやすい。タックルメーカー各社から発売されている入門キットも、最も商品点数が多いのは#4だ。

　ただし、放流されている魚のサイズが大きかったり、より広いタイプのポンドであれば#5や#6のほうが快適なこともある。また、ポンドタイプの釣り場でシンキングライン（沈むタイプのライン）を使って釣りをする時も、#6くらいのタックルを使うのが普通だ。逆にストリームタイプの釣り場だけを楽しんだり、すぐに渓流に出かけるようであれば#3が向いている。

足もとは動きやすい靴でよいがニーブーツもおすすめ。より自由に立つ位置を変えながら釣りをすることができる

これだけあれば1日楽しめる
①ティペット（5Xと6X）、②予備のリーダー（9フィート・5Xくらい）、③フォーセップ、④フライ（複数の予備を含む）、⑤フロータント（写真はジェル状のもの）、⑥クリッパー、⑦インジケーター（写真はテープタイプのものとヤーンタイプのもの）、⑧スプリットショット

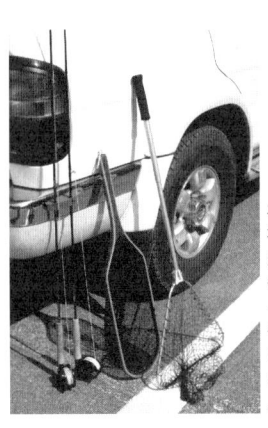

ポンドタイプの釣り場では水面と足場に多少の高低差があるので柄の長いランディングネットが使いやすい。釣り場で借りられるところもあるので事前に確認しよう

　ロッドやラインなどの主要なタックルが手に入れば、管理釣り場で釣りをするためのアイテムはそれほど多くない。まず、フライは慣れないうちはどうしてもなくすことが多くなるので、予備を含めてある程度の本数が必要だ。特にドライフライは、魚を何尾か釣ると形が崩れて使いにくくなるので、その場合も新しいものに替えられるよう多めのフライを持つほうがよい。

　ティペットは5～6Xくらいがドライフライにもニンフにも使いやすい。テーパードリーダーもキャスティングに慣れないうちは絡まることがあるので、2本くらいは予備を持っておきたい。インジケーターとスプリットショットは、ニンフや管理釣り場用のフライを使ってインジケーターフィッシング（フライフィッシング版のウキ釣り）をする時に必要になる。インジケーターフィッシングは、ドライフライで魚の反応が悪い時など、ポンドタイプの釣り場でもストリームタイプの釣り場でも非常に効果的な釣り方だ。

　ティペットの余りをカットするクリッパー、魚の口からフライを外したり、スプリットショットを潰してティペットに付ける時に使うフォーセップも忘れず携行しよう。

039　第2章：管理釣り場へ行ってみよう

ポンドタイプのおすすめフライ①

管理釣り場を楽しむコツは、やはり釣れるフライをしっかり準備していくこと。たとえばドライフライは、よく釣れるパターンやサイズが季節によって多少変化する。まずはポンドタイプの釣り場でおすすめのドライフライとウエットフライを紹介しよう

ドライフライ

盛期（4～6月、9～11月）

「アダムズパラシュート（#12～14）」
傘のように付いたハックル部分が水面によく浮く一方、水中にぶら下がるように入るボディーが魚にアピールする

「エルクヘア・カディス（#12～14）」
カディス（トビケラ）の成虫を模したフライだが、水面にぽっかり浮いて魚をよく誘う

ポンドの釣り場の場合、水面に浮かべて使うドライフライは、シーズンをとおしてだいたい#14くらいがスタンダードな大きさだ。水温が安定する春と秋はどんなパターンでも魚の反応が得やすいが、夏場は陸生昆虫が増えることからテレストリアルと呼ばれる黒っぽいフライがよい時期がある。ただし、水温が下がり水生昆虫などのエサも少なくなる冬場はユスリカと呼ばれるごく小さな虫が魚の好物になるので、ドライフライの中でも小さい#20前後のミッジフライを用意しておくと役立つ場面が多くなる。

また、ポンドタイプの釣り場で、ドライフライのほかに用意しておくと面白いのがウエットフライだ。ドライフライで使っているフローティングラインのタックルのまま、フライだけを結び替え、水中を引っ張って動かすと魚が反応することがある。ウエットフライもサイズは#14くらいを用意しておきたい。

冬期（12〜3月）

「小型のパラシュート（#16〜20）」
小さなサイズのパラシュートフライはシーズンをとおして魚の反応を得やすい

「フローティング・ミッジピューパ（#20〜24）」
ポンドにはミッジと呼ばれる多くのユスリカが生息している。そのサナギ（ピューパ）をイメージしたパターン

「ミッジアダルト（#20〜24）」
ユスリカのサナギが水面で脱皮して成虫になり、水の上に浮かんでいる状態を模したフライ

夏期（7〜8月）

「アントなどのテレストリアル（#12〜14）」
夏はボディーにボリュームのある黒っぽいフライが効果的だ

「ロイヤルウルフ（#12〜14）」
ボディー部分にピーコックハール（緑と黒が混ざったような色のクジャクの羽根）が巻いてあり、夏場は甲虫のイミテーションにもなる

ウエットフライ

「シルバー・マーチブラウン（#12〜14）」
数あるウエットフライの中でもクラシカルなパターンとして知られる川用のフライだが、水温が安定し魚の活性が高い盛期にポンドで使っても効果がある

「ソフトハックル（#12〜16）」
特定の虫を模しているわけではないが1年をとおして釣れるパターン。冬場は小さめを使うとよい

ポンドのおすすめフライ②

ポンドの釣り場ではウキを使ったインジケーターフィッシングも効果的だ。
それらには派手な色のものも多い、いわゆる管理釣り場用のフライを使う。
そのほか、ストリーマーはシンキングラインと組み合わせて水中を引っ張る

インジケーターフィッシング用

「オクトパスボム（#12）」
マラブーフライと同じように使うが、フライの中にウエイト（オモリ）がたっぷり入っているのでより沈みやすい。また、エッグフライを含め丸い形をしたフライは一般的に管理釣り場の魚の反応がよい。カラーはピンクやチャートリュースなどの派手な色がよく釣れる

「マラブーフライ各色（#12～14）」
インジケーターフィッシングの代表的なフライ。キャスト後に沈んでいくフォーリングと呼ばれる動きや、水中のわずかな水流で揺れるテイルの動きが魚を誘う。ピンク、オレンジ、チャートリュースなどの派手な色のものから、オリーブやブラウンなどの地味な色のものまで各色そろえたい。アタリがなくなっても、カラーを変えると釣れ始めることがよくある

インジケーターフィッシングとは、ドライフライやウエットフライを使う時と同じフローティングラインを使い、その先のリーダーやティペットの途中にインジケーターと呼ばれるウキを付け、最後に沈むタイプのフライを結んで魚を釣る方法のこと。フライは水中を自然に漂わせるが、ポンドの釣りでは非常に効果的な手段である。この時、使用されるフライは何か特定の虫というより、なんとなくエサのように見える曖昧なシルエットに巻かれたものが多い。これらのフライは同じパターンでもオリーブ、ピンク、オレンジなど印象の異なる数色をそろえておき、魚の反応が途切れたら違う色に変えると効果がある。

また、ポンドではシンキングラインを使ってフライとラインを沈め、しばらくしてからリトリーブと呼ばれる操作でラインを引っ張り、フライを水中で泳がせて魚を誘う釣り方もよく行われる。これらの釣りには、フライは大きめのストリーマーがよい。

シンキングラインの釣り用

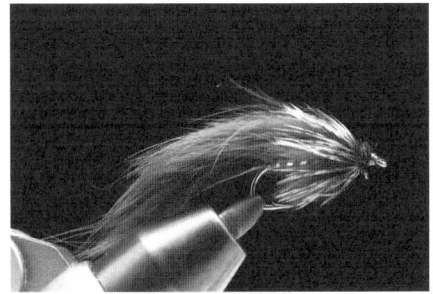

「ゾンカーストリーマー (#8～10)」
ウサギの毛を使ったゾンカーストリーマーは、ゆっくりリトリーブしても速くリトリーブしてもよく泳ぐ。ストリーマーフライの釣りを楽しむ時の定番パターン

「マラブーフライ (#10-12)」
マラブーフライはリトリーブして使うと小刻みにテイルを振りながら泳ぐ。インジケーターフィッシング用のものをそのまま使うこともできるが、もう少しサイズの大きなものも効果がある

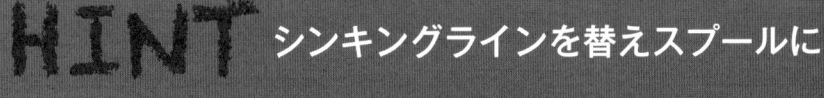

HINT シンキングラインを替えスプールに

ポンドではフローティングラインのほかにシンキングラインを使った釣りも楽しい。そこで、管理釣り場によく通う人の中には、フローティングライン用のタックルとシンキングライン用のタックルをそれぞれそろえ、2本のロッドを持って釣り場に入る人もいる。

ただ、興味はあっても初めから2本のロッドと2つのリールをそろえるのは予算的に厳しい場合もあるだろう。そんな時には1つの選択として、シンキングラインを巻いた予備のスプール（リールのラインを巻く部分。取り外して交換することができる）をそろえておき、釣り方を変えたい時にスプールだけ交換するという方法がある。リールの替えスプールは、通常のリール本体＋スプールの価格の半額くらいで手に入ることが多い。

右がシンキングラインを巻いたスプールをセットしたリールで、左がフローティングラインをセットした替えスプール。2つを入れ替えることで1本のロッドでも両方の釣りを楽しむことができる

ライン（スプール）を交換する手間はかかるが、スプールはワンタッチで外せるので作業自体は簡単だ

ストリームタイプのおすすめフライ

ストリームタイプの釣り場は、ポンドに比べて生息する水生昆虫の数が多く、魚はその水生昆虫を補食している。特にドライフライの釣りでは、その時期に羽化する水生昆虫にフライを合わせることが釣果につながる

ドライフライ

春は早期から羽化する小型のカゲロウを模したフライが効果的。盛期はフライのサイズを少し大きくし、よく浮いて使いやすいパターンを選ぶ。夏場はアリ（アント）などの陸生昆虫を似せたフライへの反応がよくなり、冬の低水温期はユスリカを意識したミッジフライの出番になる。ラインを自分より上流側にキャストし、フライを流れに乗せて自然に漂わせると魚がエサだと思って反応する

春（3〜4月）

- 「CDCダン（#16〜18）」　ウイングにCDCを使ったカゲロウの亜成虫（ダン）を模したパターン
- 「ソラックスダン（#16〜18）」　ソラックスにハックルを巻いたカゲロウの亜成虫を模したパターン 

盛期（5〜6月・9〜10月）

- 「エルクヘア・カディス（#12〜14）」　エルクヘア・カディスはストリームでも非常に効果的
- 「パラシュート（#12〜14）」　パラシュートフライもストリームで使いやすい 
- 「アダムズ（#12〜14）」　盛期にはスタンダードフライへも魚の反応がよくなる 

夏期（7〜8月）

- 「アントパラシュート（#14）」　川岸にも多く生息するアリを模したパターン
- 「ピーコックパラシュート（#12〜14）」　黒っぽい陸生昆虫全般をイミテートしたフライ 

冬期（11〜2月）

- 「ミッジアダルト（#20〜24）」　ユスリカはストリームにも生息する。しっかり浮かべて流すのがコツ
- 「フローティング・ミッジピューパ（#20〜24）」　アダルトで反応が悪い時はボディーが水中に入るピューパを使うとよい

ウエットフライ

ウエットフライはストリームでもよく釣れる。使い方はドライフライとは違い、自分より下流側へキャストしてから水中を泳がせるように流す。魚の活性は高いがドライフライへの反応が鈍くなってきた時や、夕方の光量が落ちてきた時に非常によい反応が得られる

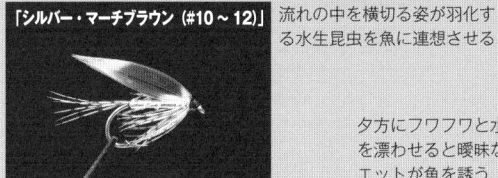

「シルバー・マーチブラウン (#10～12)」
流れの中を横切る姿が羽化する水生昆虫を魚に連想させる

「ソフトハックル (#12～14)」
夕方にフワフワと水面下を漂わせると曖昧なシルエットが魚を誘う

ニンフ（インジケーターフィッシング用）

カゲロウなどの水生昆虫は水中で長い幼虫（ニンフ）時代を過ごしている。それらもまた魚たちの主要なエサだ。リーダーの先端かティペットにインジケーターを付け、その先にティペットを結んで自分よりも上流側にキャストし、水中を自然に漂わせるとよく釣れる

「ヘアズイヤー・ニンフ (#12～16)」
カゲロウの幼虫を模したフライの中でもボリュームのあるタイプ

「フェザントテイル・ニンフ (#12～16)」
カゲロウの幼虫の中でもより細身のタイプのものを模している

MSC（エム・エス・シー）はファジーなシルエットを持つ万能ニンフ
「MSC (#12～14)」

ユスリカのサナギを模したミッジピューパはインジケーターの釣りでも使える
「ミッジピューパ (#18～22)」

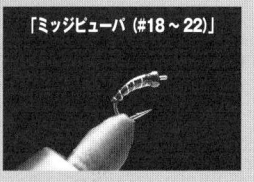

ストリーマー

渓流タイプの釣り場でもストリーマーでよく釣れることがある。特にほかのフライに反応しないような深い場所にいる大型の魚をねらう時には効果的だ。ストリーマーはウエットフライと同じように自分より下流側へキャストする。ただし、ウエットフライ以上にしっかり沈めてから水中を泳がせることが必要なので、ビーズヘッドなどのウエイト（オモリ）の付いたものを選ぶか、あるいはティペットの途中に重めのスプリットショットを付ける

「ウーリーバガー (#10～12)」
テイルにたっぷりマラブーを付け、ボディーにハックルを巻いた管理釣り場の定番パターン

「マラブーストリーマー (#8～12)」
マラブーを使ったストリーマーは、ビーズヘッドが付いたものや付いていないものなどいろいろなタイプがある

「ゾンカーストリーマー (#8～10)」
ウサギの軟らかい毛を使ったストリーマー。水中を泳がせるとマラブーと同じように軟らかい動きが魚を誘う

管理釣り場のルールとマナー

管理釣り場に到着したら、受付でライセンス（釣り券）を購入しよう。
利用時間によって料金が変わる場合がある

ライセンスは受付で購入しよう。閉場時間は季節によって変えているところが多いので、それらも確認しておくと間違いがない

その釣り場のヒットフライはスタッフに聞くのが一番。とはいえフライの販売を行なっていなかったり、人気のフライが品切れの場合もあるので、自分のフライをある程度そろえておくことは必要だ

　管理釣り場の利用料金は1日4000円くらいのところが多い。釣り場によって時間券（1時間や2時間など）、半日券、1日券、イブニング券などを販売しているので、自分の都合に合ったものを購入しよう。

　周囲にある釣り場の見取り図やルールを確認することも大切だ。釣り場によってはフライフィッシングができる場所とそうでない場所を1つのエリアの中で分けていたり、使ってよい釣りの仕掛けやフライの種類に制限を設けているところもある。釣った魚の持ち帰り制限やリリース（釣った魚をそのまま流れに戻すこと）の方法についても、その釣り場独自のルールを決めている場合が多い。

　受付の周辺では、その釣り場のヒットフライや人気フライが販売されていることもある。その時期、どんなフライに魚の反応がよいかをスタッフに聞いてみたり、その場でフライをいくつか購入したりする余裕があるとなお釣りが楽しめるだろう。

　受付が終わったら、あとはタックルをセットして釣りの準備。いよいよ1日のスタートだ。

トラブルを回避するマナーとコツ

ゴルフ場やテニスコートの利用に一定の決まりがあるように、管理釣り場にも共通したルールやマナーがある。釣りを始める前にそれらを知っておき、トラブルなく楽しい釣りをしよう。

◆釣りを始める場所はよく確認する

ポンドタイプの釣り場の場合、隣りの人とはできれば10m以上の間隔をあけて釣りをするようにしよう。混んでいる場合はそれより詰めることもあるが、その場合は「ここに入ってもいいですか？」と一声掛ける。

仕切りがあるストリームタイプの釣り場の場合、その区間で先に釣っている人がいたら同じ区画の同じ岸側には入らない。しかし、釣り場が混んでいるため、同じ区画に入って釣らざるを得ない場合もある。その時は、先に釣っている人がどこを釣っているかを観察して、同じところを釣らないように離れて釣ろう。特に後から来て、先に釣っている人がねらっている魚を横からねらうのはタブーである。自然渓流タイプの場合は、先に釣っている人の下流側に入るのは問題ないが、その人のすぐ上流に入るのはマナー違反。なぜなら渓流では一定の場所を釣ったら、次にその上流を釣る「釣り上がり」が基本的なルールだからだ。先行者の上流に入る時は、少なくとも50mくらいは距離を空けて入る。また、もし先に釣っている人の横を通って上流に向かうことがあれば、「上流に行ってもいいですか？」と一言声を掛けるようにしたい。

◆キャストの前に周りをよく見る

フライフィッシングはラインが後方に伸びる。管理釣り場では気づかないうちに後ろを人が通って事故につながることがある。キャストをする時は、まず後ろに通りかかっている人がいないかを確認するよう心がけよう。

◆フックはカエシを潰してバーブレスにする

フックの「カエシ」のことをバーブといい、バーブのないフックをバーブレスフックという。人の多い管理釣り場ではフックはバーブを潰してバーブレスにしておこう（詳しくはP 48を参照）。

◆ロッドは地面に寝かせて置かない

休憩時やタックルを用意する時にロッドを地面に寝かせて置くと、ほかの釣り人に踏まれてしまったり自分で踏んでしまったりして、ロッドを折ってしまうことがよく起こる。ロッドは地面に寝かせて置くのではなく、必ず何かに立てかけて置くようにする。

釣った魚の持ち帰りや扱いについては釣り場ごとのルールがある。看板などを確認して気持ちよく釣りをしよう

キャスティングをする時はまず本人が周囲に気を配るのが大前提だが、場内を歩く時は歩行者も不用意に後ろを歩かないように気を付けよう

バーブレスフックについて

管理釣り場では「バーブレスフック」の使用を求められるケースが増えている。
バーブの付いたフライもフォーセップでバーブを潰せば問題ない

バーブの潰し方

①フックの先端近くに付いている小さなカギ状の突起がバーブ（カエシ）。魚の口に掛かったハリがより外れにくくなるように付けられている

②バーブを潰すのにはフォーセップを使う。バーブ部分にフォーセップを当てて、ゆっくり力を入れて上下から挟む

③バーブがきれいにとれれば処理完了。バーブレスフックはバレやすいのでは？（釣っている最中に魚の口から外れてしまうのでは？）という心配もあるかもしれないが、慣れればそれほど違いはなく、むしろリリースが簡単になる分だけ快適に釣りができる

フライフックに限らず、釣りバリにはバーブと呼ばれる「カエシ」が付いているのが普通だ。最近はこのカエシを取り除いたフック、もしくは最初からカエシのないバーブレスフックの使用をルールとして求めている管理釣り場が増えている。

バーブを潰す一番のメリットは、万一ほかの人や自分にフライが刺さっても、傷口へのダメージを最小限にとどめて安全にフックが抜けることができる。服に引っ掛かった時も簡単に外すことができる。多数の人が訪れる管理釣り場だからこそ有効なルールだ。

バーブ付きのフライが手もとにある場合は、フォーセップを使ってバーブを潰すことで、バーブレスフックにすることができる。フライの本体をしっかり指で押さえ、バーブにフォーセップを当てて摘むようにカエシをつぶそう。

もちろん、バーブレスにしたフックは魚の口から外すのも簡単なため、結果的に魚へのダメージも最小限にして、より元気な状態でリリースすることができる。釣り場によっては「釣った魚を持ち帰らずリリースするならバーブレスフックを使用」といったルールがあるのもそのためだ。

第3章
TACKLE SETTING

ロッドを継ぎ、リールをセットし、
ラインを伸ばしてリーダーとティペットの先にフライを結ぶ。
タックルをセットすれば、
いよいよフライフィッシングのスタートだ

タックルをセットする

ロッドを継ぐ

タックルのセットはまずロッドの組み立てから始める。
フライロッドはキャスティングの要となる道具なので、正しくセットすることが大切だ

ガイドの位置をそろえて継ぐ

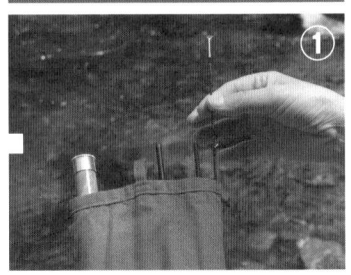

①フライロッドはクロスケース（サオ袋）に収納されていることが多い。取り出す時は細く折れやすいティップ側から先に抜く

②ガイドの位置がそろうようにして、ティップ側から順にロッドを継いでいく

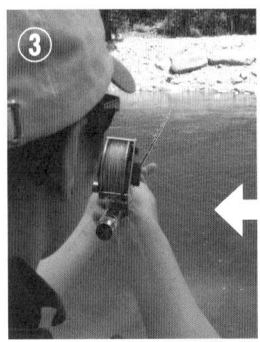

③ロッドをすべて継ぎ終わったら（リールを取り付けたあとでもよい）、リールシートを上にした状態でガイドの位置が一直線にそろっているか確認する

フェルールをひねって継ぐ

①フェルールはひねりながら継ぐとよりしっかりと接続することができる。写真のロッドは上下のピースに印（丸いドット）が付いており、この位置をそろえるように継ぐが、最初はあえて90度ずらした位置にセットする

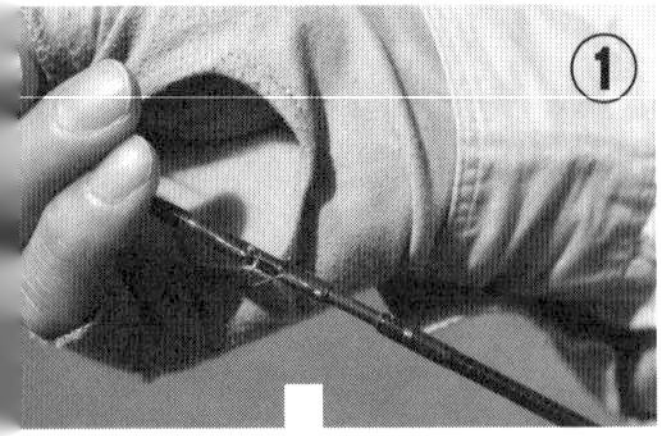

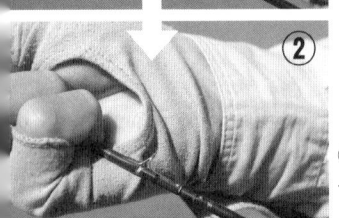

②そのままロッドを軽くひねり、ドット部分がうまく上下でそろうようにしながらフェルールを接続する

フライロッドは2本継ぎ以上のマルチピースになっている。ロッドをケースから取り出すには、先端の細いピース（ティップと呼ぶ）を折らないように注意し、川の近くや駐車場の空きスペースなど、周囲に余裕があって人や車があまり通らない場所で組み立てるようにしよう。ロッドはラインを通すガイドの位置を一直線状にそろえながら継ぐ。そのうえで、細いティップのほうから順に継いでいく。フェルールと呼ばれるジョイント部は90度ひねりながら継ぐとよく、そうすることで噛み合わせがよりしっかりとしたものになる。ただし、バンブーロッドの場合はひねらずにまっすぐ継ぐこと。最後にグリップの付いているバット部は、リールを取り付ける平らな面（リールシート）がガイドと一直線になるように継ぐ。

なお、フェルールには専用のロウを塗っておくと抜けづらく、かつ固着して外れにくくなるのを防ぐことができるが、もともと抜けづらいフェルールには逆効果なのでその場合は塗布しないようにしよう。

リールをセットする

リールを取り付ける方法は、そのロッドが採用しているリールシートによって異なる

スクリュータイプの取りつけ

①リールシートの上側（グリップの中）にあるスペースにリールフットを差しこんだら、次に下側にあるキャップのような金具をずらしてリールフットに被せる

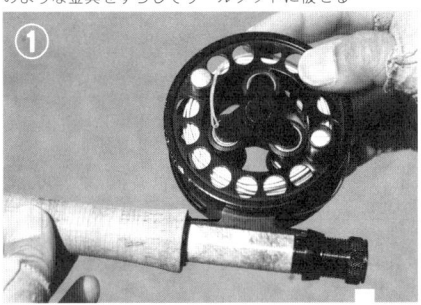

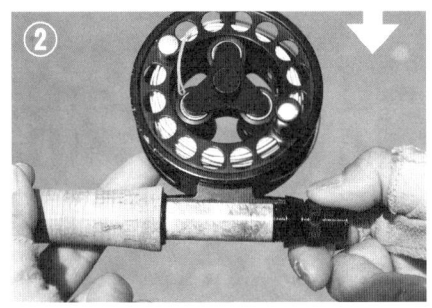

②そのまま一番下にあるスクリューを回転させて上側に移動し、リールフットを完全に固定する。スクリューが2つある場合は必ず1つずつ回していくこと

リングタイプの取りつけ

リールシートの下側の金具にまずリールフットを差しこむ。このあと、上側のリングを下におろしてリールフットを固定する

フライリールはロッドの下側に取り付ける。ガイドが並んでいる面がフライロッドの下側にあたり、正しくつないだロッドはリールシート（リールを取り付ける土台）も下側に来る。

リールは右巻き（右手巻き）なら上から見てハンドルがロッドの右側に来るように、左巻き（左手巻き）ならハンドルが左側に来るように取り付ける。

リールの取り付けにはリングタイプとスクリュータイプがある。リングタイプの場合は、リールフットの下側を先に固定し、上側をリングでしっかりと固定する。スクリュータイプ（アップロック）の場合は、リールフットの上側を先に金具のポケットに入れてから下側もキャップの付いた金具に入れて、それからスクリューを回して締めこむ。なお、スクリューが2つある場合は、それぞれを別に回すこと。2つを一緒に回すと固着して動かなくなることがあるので注意しよう。

なお、リールにラインをセットする方法はP136に詳しく解説している。

ガイドにラインを通す

フライラインは下から順にすべてのガイドに通し、最後にトップガイドから外に出す

ラインの通し方

④フライロッドは思った以上に長い。途中でロッドを人に踏まれたりしないように、充分に広い場所を選んで作業しよう

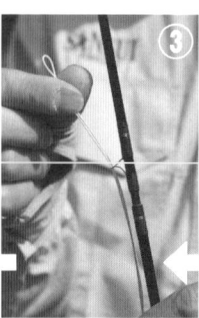

③ラインは2つ折りにしてこのようにガイドの中を通していく。万一手が滑っても輪が広がってガイドのところで止まる

②リールは傷が付かないように帽子などの敷物の上に置くか、軟らかい草地などを見つけて地面に置く

①まずはリールの下側からフライラインを引っ張りだす。このあとラインの先にリーダーを結ぶ作業があるので、ロッド2本分くらいをあらかじめ引き出しておく

⑤すべてのガイドにラインが通ると、ロッドを曲げた時にラインも一体になってきれいに曲がる。抜けている箇所があったらそこからやり直そう

リールをセットしたら、そこから引き出したフライラインを離してしまった時も途中で引っ掛かるためやり直しを最小限にすませることができる。

また、リールは小さな砂や砂利がメカの内部に入ると故障の原因となり、さらに硬い地面に置いたままラインを引っ張りだすと表面に傷が付くことがあるので、アスファルトであれば帽子を敷いてその上にリール置いて作業したり、あるいは草むらなどのクッションになる場所に置いて作業するようにしよう。

なお、フライロッドはグリップのそばにガイドよりも小さな金具が付いている場合があるが、これはフックキーパーと呼ばれる、ティペットに結んだフライを掛けておく場所なのでラインを通さない。

すべてのガイドにラインを通し終わったら、一度ラインの先端を手で持ってロッドを大きく曲げてみよう。ラインを通し忘れたガイドがあった時にすぐに見つけることができる。

こから引き出したフライラインを一番下のストリッピングガイドから一番上のトップガイドまで通していく。途中のガイドはスネークガイドと呼ばれるシンプルな金具が一般的だ。

ラインをガイドに通していく時は、先端近くを2つ折

リーダーを結ぶ①

ロッドを継いでラインをガイドに通したら、その先にリーダー（テーパードリーダー）を接続する

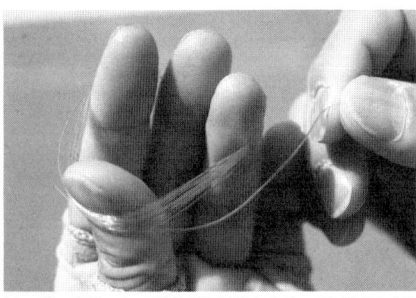

リーダーをパッケージから取り出したら、すぐにコイルの中に指を3本以上入れ、コイルが崩れないように指で内側から押し広げながら根もとの太いラインを解いていく。すると最後まで絡まずに解ききれる

リーダーをほどく

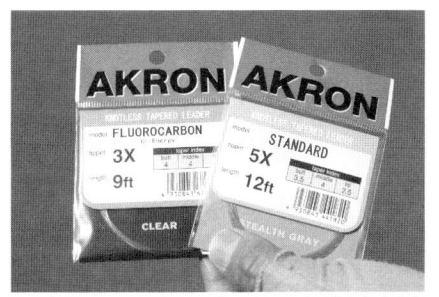

市販のテーパードリーダーは、コイル状に丸めたものがビニールのパッケージに入っている。まずはこれを絡ませずに解く

解いたリーダーは太いほうをフライラインに接続する。写真は先端にブレイデッドループを付けたフライラインにクリンチノットで結んだところ

◆フライラインの先端のループにリーダーを結ぶ

最近のフライラインには先端がループ状になっているものがあり、このループにリーダーを結んで接続することができる。また、ブレイデッドループと呼ばれる市販のアイテムをフライラインに取り付けた時もそのループにリーダーを結ぶ。このような場合、クリンチノット（インプルーブド・クリンチノットではない）でリーダーをループに結ぼう（P61参照）。ガイドへの引っ掛かりも少なく、簡単に結ぶことができる。リーダーを新しいものに交換する際には、ラインのループを切らないように注意しよう。

◆直接結ぶ

ネイルノットやネイルレス・ネイルノットを使って結ぶ（P56参照）。慣れるまで練習が多少必要だが、接続部が一番ガイドに引っ掛からず、渓流、湖、海など管理釣り場以外のフィールドでも釣りをするなら覚える必要がある。

◆リーダーリンクを利用する

リーダーリンクと呼ばれるプラスチックのパーツを利用してラインとリーダーを結ぶ（P54参照）。一番簡単で初心者向きだが、リーダーリンクがロッドのガイドに引っ掛かりやすいなど釣りには不便な面もある。

053 第3章：タックルをセットする

リーダーを結ぶ②

「リーダーリンク」と「ブレイデッドループ」の使い方

リーダーリングで繋ぐ

①リーダーリングを使う時は、まずフライラインの先端を外側から中に入れて1回結びをし、余りを切ったらラインを引っ張って結び目を中にしまう

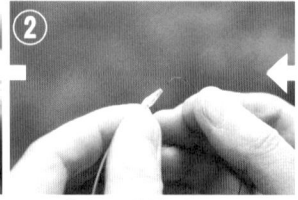

②次に反対側の穴からリーダーの根もと側をリーダーリンクに入れる

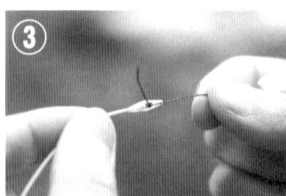

③フライラインと同じように1回結びをしてから結び目を中に引きこんだら（写真の状態）、外側に出た余りをカットして接続完了

ブレイデッドループを利用する

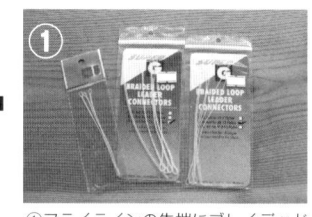

①フライラインの先端にブレイデッドループを取りつけると、リーダーをクリンチノットで簡単に接続することができる。ブレイデッドループにはいくつかのサイズがあるので、使用するフライラインに合ったサイズを選ぼう

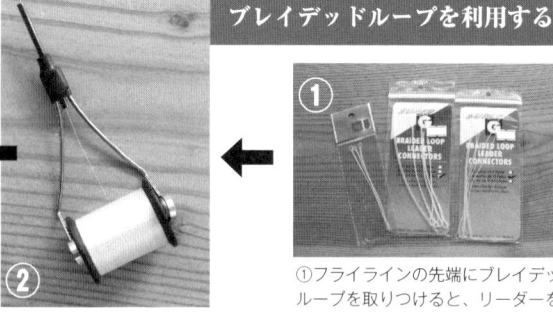

②取り付けにはフライタイイングに使うボビンホルダーとスレッド（P146参照）を利用する。このほか瞬間接着剤とシザーズ（ハサミ）も用意しておく

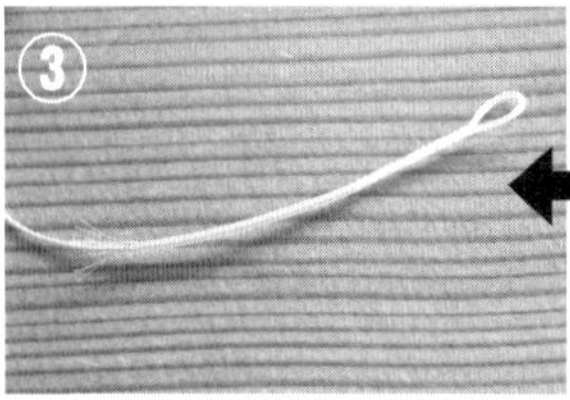

③袋から取り出したブレイデッドループの下側から、フライラインの先端をできるだけ長く中に挿し入れる

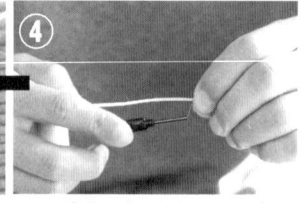

④次にブレイデッドループのほつれている部分のすぐ上あたりにスレッドを掛けて巻いていく

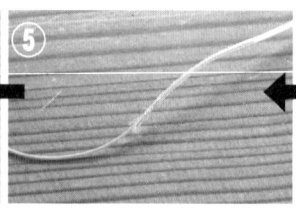

⑤このように5mmくらいの幅でブレイデッドループをしっかり巻いたら、何度か片結びなどを行なってスレッドの余りをカットする

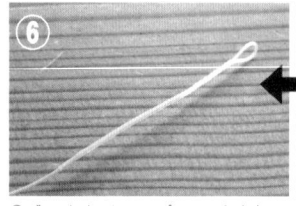

⑥ブレイデッドループのほつれた部分をシザーズでカットし、最後にスレッドを巻いた部分に瞬間接着剤を塗ったらブレイデッドループの取り付けは完了。ライン先端にできたループ部分に、クリンチノットでリーダーを結ぶ

TACKLE SETTING 054

ノットを覚えよう

フライラインにテーパードリーダーを結んだら、
その先にティペットを継ぎ足し、最後にフライを結ぶ。
フライフィッシングではイトの結び（＝ノット）を覚えることが不可欠だ

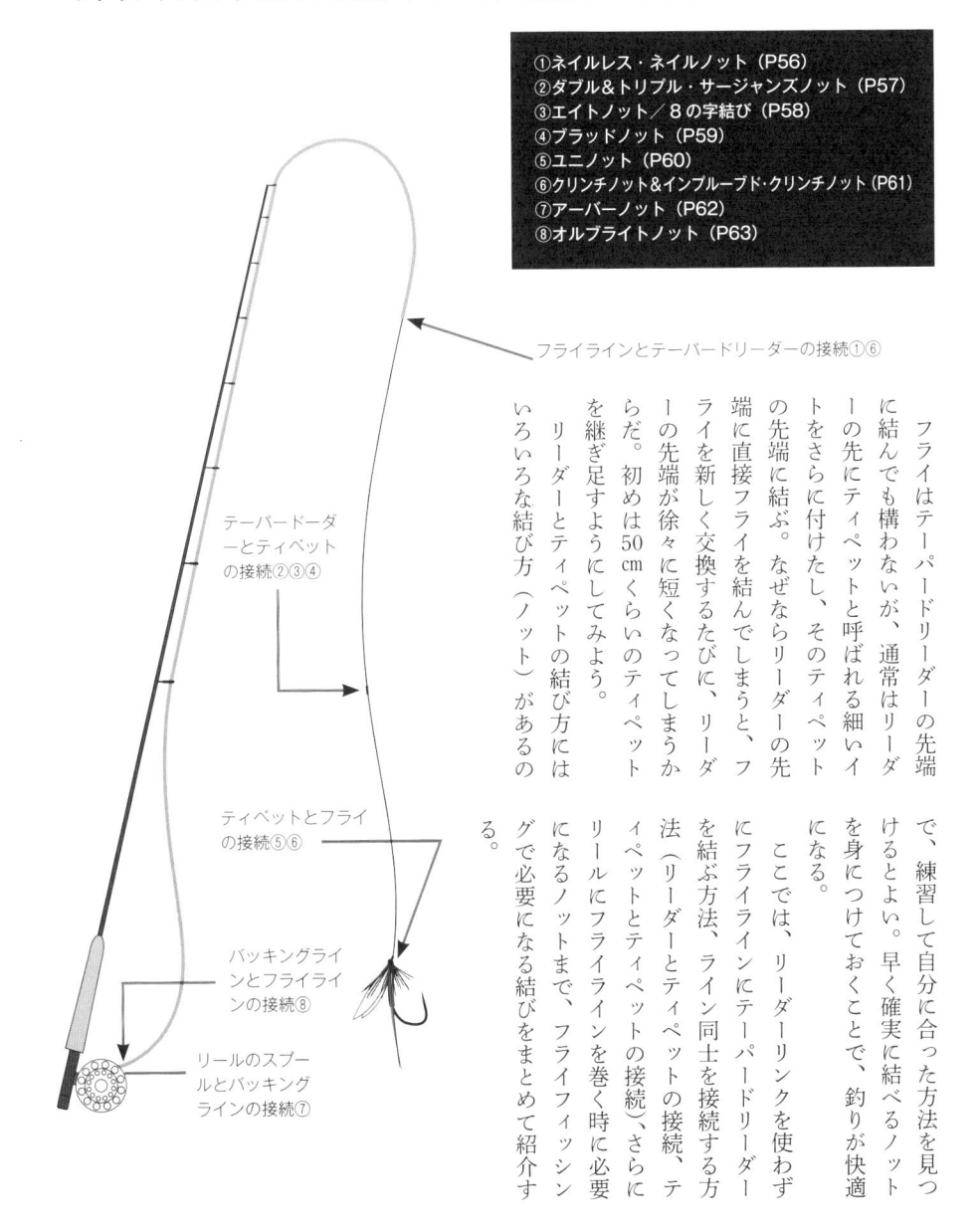

①ネイルレス・ネイルノット（P56）
②ダブル＆トリプル・サージャンズノット（P57）
③エイトノット／8の字結び（P58）
④ブラッドノット（P59）
⑤ユニノット（P60）
⑥クリンチノット＆インプルーブド・クリンチノット（P61）
⑦アーバーノット（P62）
⑧オルブライトノット（P63）

フライラインとテーパードリーダーの接続①⑥

テーパードーダーとティペットの接続②③④

ティペットとフライの接続⑤⑥

バッキングラインとフライラインの接続⑧

リールのスプールとバッキングラインの接続⑦

フライはテーパードリーダーの先端に結んでも構わないが、通常はリーダーの先にティペットと呼ばれる細いイトをさらに付けたし、そのティペットの先端に結ぶ。なぜならリーダーの先端に直接フライを結んでしまうと、フライを新しく交換するたびに、リーダーの先端が徐々に短くなってしまうからだ。初めは50cmくらいのティペットを継ぎ足すようにしてみよう。リーダーとティペットの結び方にはいろいろな結び方（ノット）があるのる。

ここでは、リーダーリンクを使わずにフライラインにテーパードリーダーを結ぶ方法、ライン同士を接続する方法（リーダーとティペットの接続、ティペットとフライの接続、テイペットとフライの接続）、さらにリールにフライラインを巻く時に必要になるノットまで、フライフィッシングで必要になる結びをまとめて紹介する。

で、練習して自分に合った方法を見つけるとよい。早く確実に結べるノットを身につけておくことで、釣りが快適になる。

第3章：タックルをセットする

ネイルレス・ネイルノット

道具を使わなくてもできる簡単なネイルノット。
フライラインとテーパードリーダー（リーダー）の接続に使われる

③

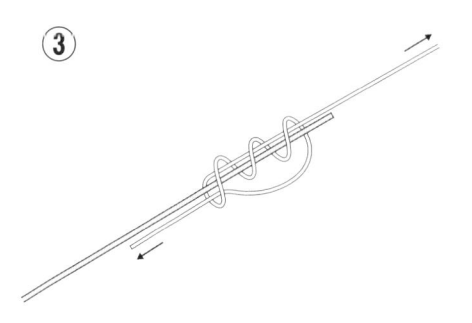

リーダーをフライラインに3回巻きつけたら、折り返して最初の輪の中に通す。巻き付けたすべてのリーダーの輪の中に通す方法もあるが、こちらのほうが簡単だ。

①

リーダー後端
フライラインの先端

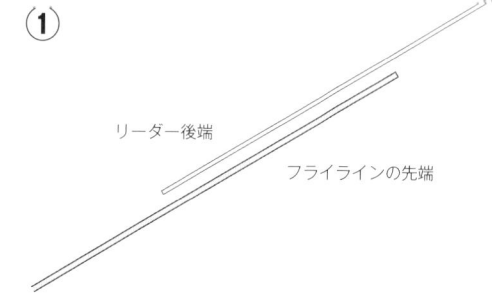

リーダーの後端（バッド側）とフライラインの先端を合わせる。

④

cut!

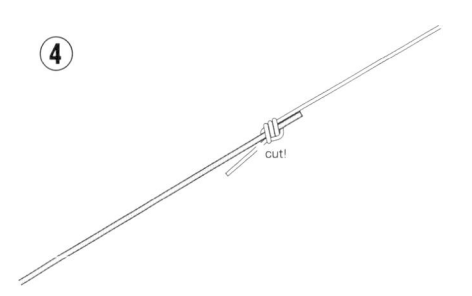

リーダーを軽く引き締める。結び目ができたら、指先で詰めながら結び目をきれいにしてラインの先端側に移動させる。（ライン先端から出ないように注意）。最後にリーダーを両側からゆっくりと引き締め、フライラインに食い込ませる。余りのリーダー（フライラインは極力余りを出さない）を切れば完成。

②

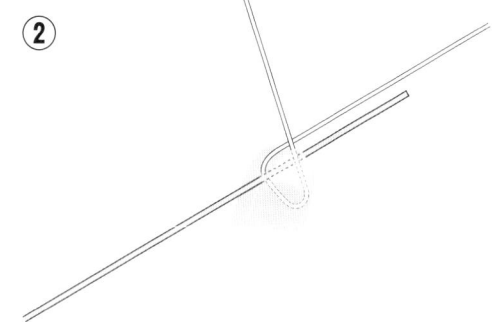

フライライン、リーダーの両方を親指、人差し指で押さえる。リーダーを折り返して小さな輪を作り、フライラインに巻き付けていく。右手の指でフライライン先端とリーダーのバット側を補助してやると作業がやりやすい。

TACKLE SETTING 056

ダブル＆
トリプル・サージャンズノット

簡単でしかもいろいろなイト同士の結びに使える

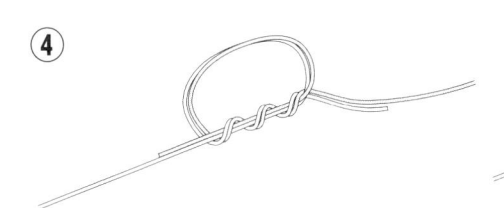

④
くぐらせる回数が2回でダブル・サージャンズノット、3回にするとトリプル・サージャンズノットになる。

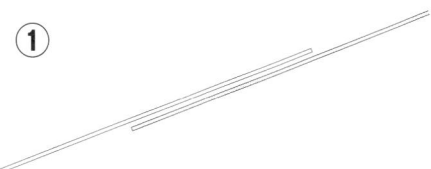

①
リーダーの先端とティペットの先端、もしくはティペットとティペットなどの端イト同士を重ねる。

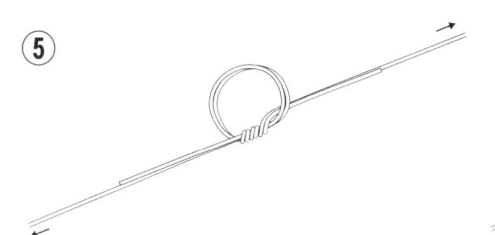

⑤
両側の本線イト、端イトを持ち、ゆっくり引き締める。

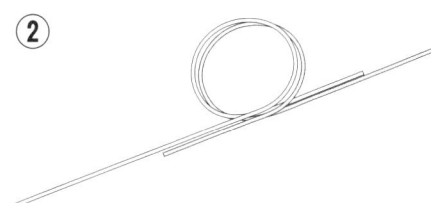

②
本のイトを揃えたまま輪を作る。この時点で輪の部分を唾液などで濡らしておくとよい。

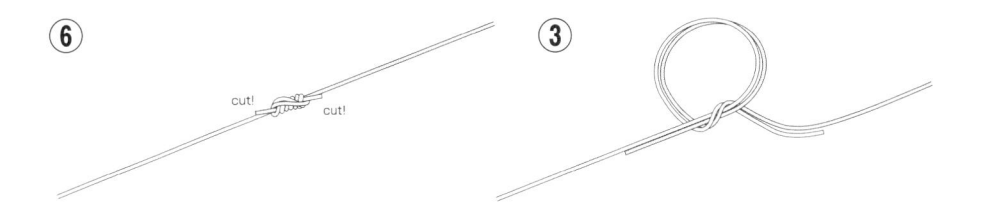

⑥ cut! cut!
余りを切れば完成。

③
輪の中に片側の2本のイトをくぐらせていく。

エイトノット（8の字結び）

ダブル＆トリプル・サージャンズノットと並んでイト同士の結びによく使用されるノット。慣れると非常に手早く結べる

④

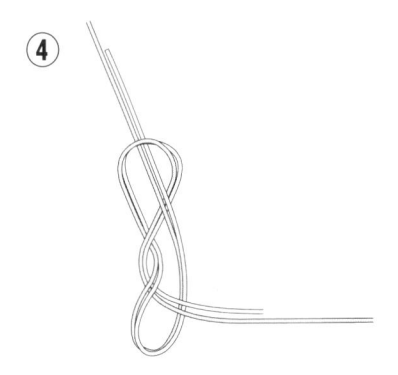

一番上の輪に片側の端イトと本線イトを通す。

⑤

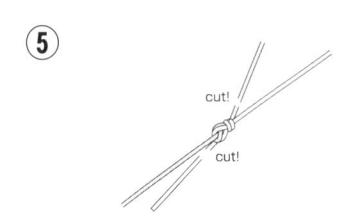

cut!
cut!

両方の端イトと本線イトをゆっくり引き締める。2本の端イトの余りを切れば完成。

①

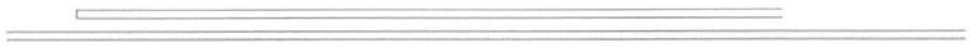

リーダーの先端とティペットの先端、もしくはティペットとティペットなどの端イト同士を重ねる。

②

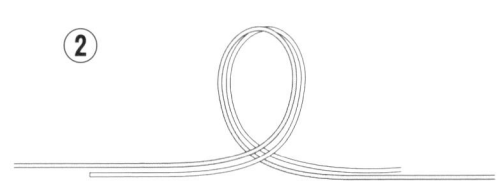

図のように輪を作る。

③

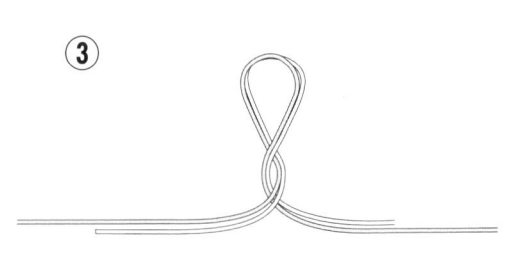

交差する部分を押さえて輪をひねる。1回ひねると8の字、2回でダブルの8の字結びになる。

ブラッドノット

太さの近いイト同士を結ぶのに適しており、結び目がきれいに仕上がる。
ある程度太いティペットのほうがやりやすい

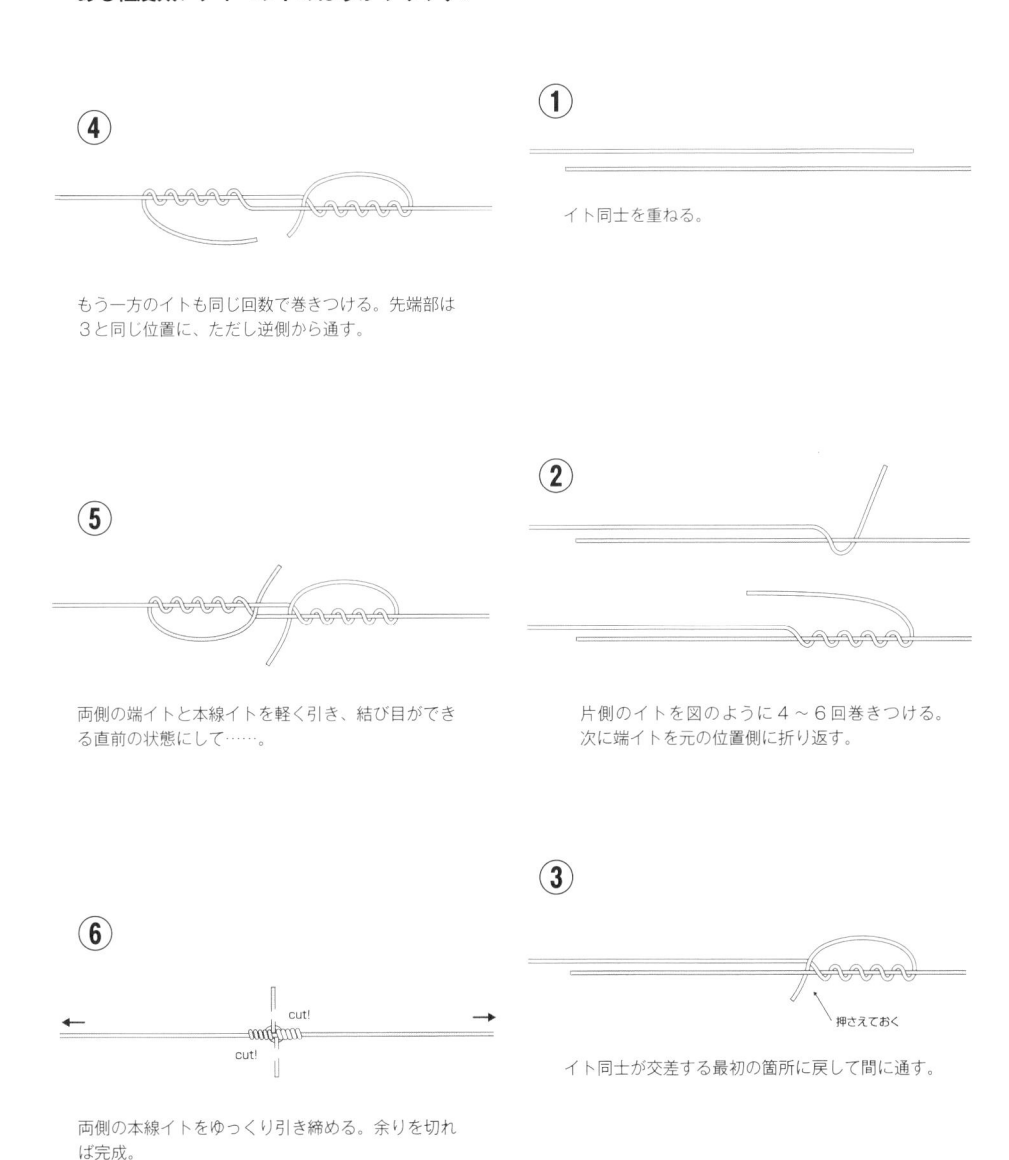

① イト同士を重ねる。

② 片側のイトを図のように4〜6回巻きつける。次に端イトを元の位置側に折り返す。

③ イト同士が交差する最初の箇所に戻して間に通す。 押さえておく

④ もう一方のイトも同じ回数で巻きつける。先端部は3と同じ位置に、ただし逆側から通す。

⑤ 両側の端イトと本線イトを軽く引き、結び目ができる直前の状態にして……。

⑥ 両側の本線イトをゆっくり引き締める。余りを切れば完成。 cut!

ユニノット

非常に強度があり、かつ慣れれば簡単に結べるノット。
折り返したティペットを巻きつける数は3回転がおすすめだ

③ 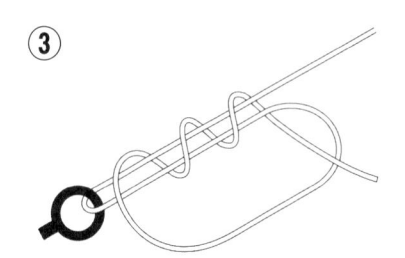
本線イトと端イトの輪に3回以上巻きつけていく。

④ 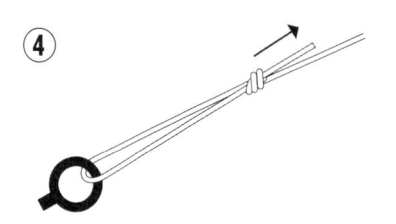
端イトを軽く引き締めて結び目を作る。

⑤
cut! 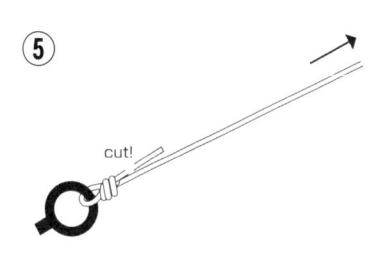
本線イトをゆっくり引き締めて結び目を移動＆固定する。余りを切れば完成。

① 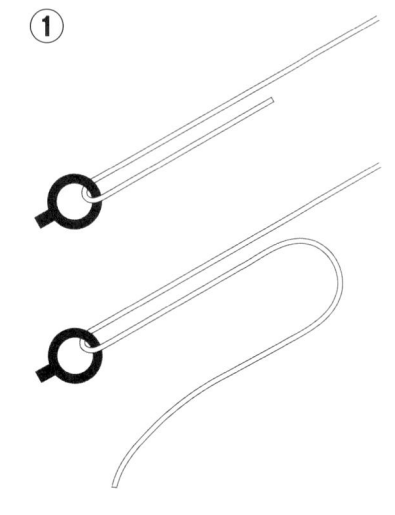
図のようにフライのアイにティペットを通し、端イトを折り返す。

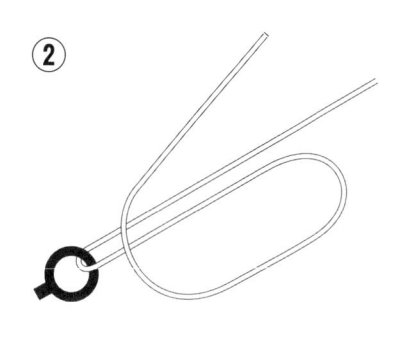

②
2本のイトに端イトを交差させて輪を作る。

TACKLE SETTING 060

クリンチノット＆
インプルーブド・クリンチノット

簡単に結べる。先端にループのあるフライラインにリーダーを結ぶ時には、
最後にティペットを折り返さないクリンチノットのほうを使う

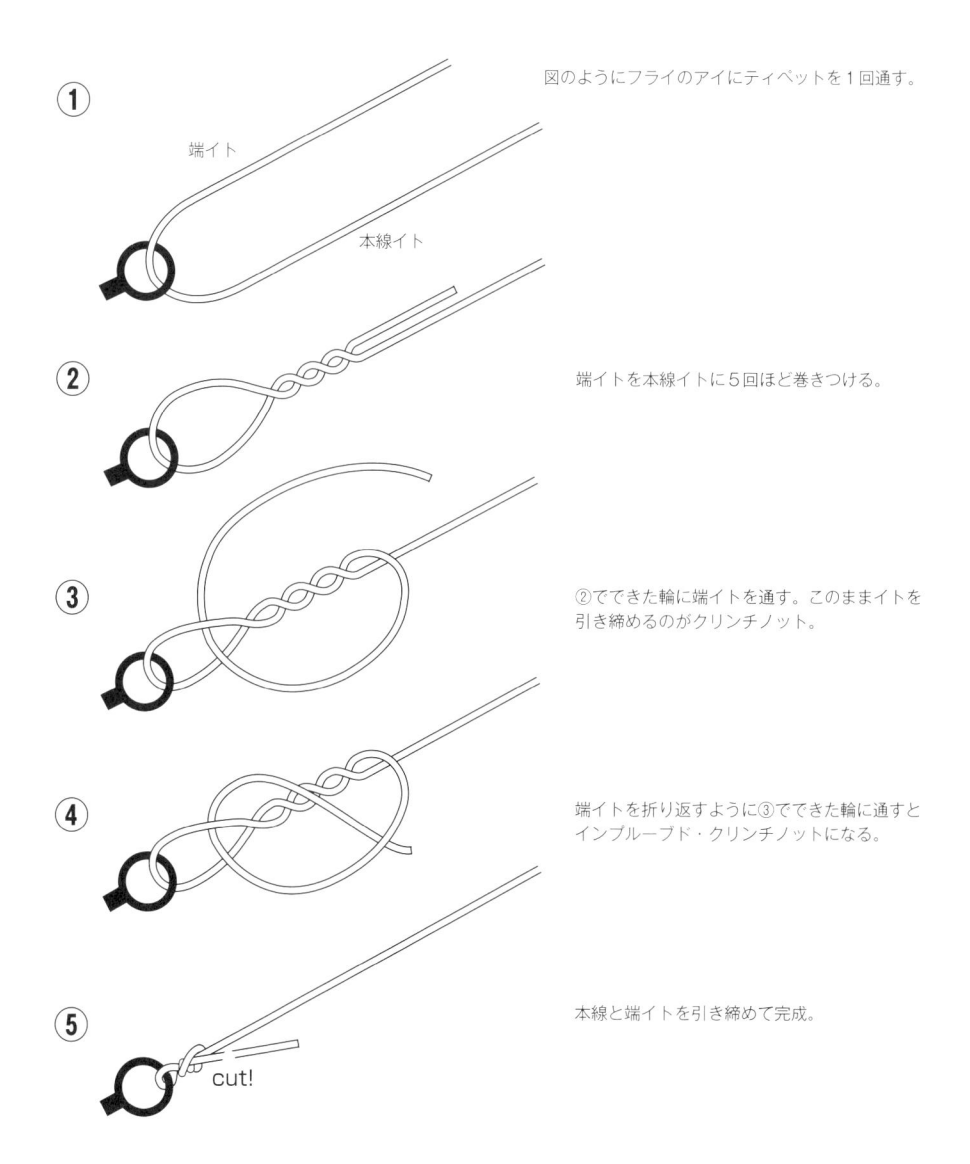

① 図のようにフライのアイにティペットを1回通す。

端イト
本線イト

② 端イトを本線イトに5回ほど巻きつける。

③ ②でできた輪に端イトを通す。このままイトを引き締めるのがクリンチノット。

④ 端イトを折り返すように③でできた輪に通すとインプルーブド・クリンチノットになる。

⑤ 本線と端イトを引き締めて完成。

cut!

アーバーノット

リールのスプールにバッキングラインを巻く時に必要になるノット。
リールには柔軟性がありクセの付きにくいバッキングラインと呼ばれるイトをまず巻き、
その先にフライラインを結ぶ

④

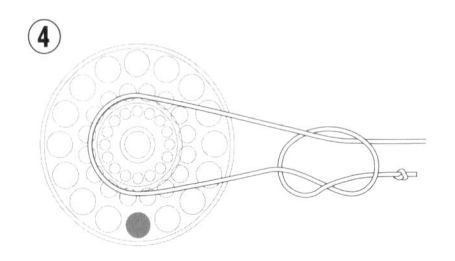

図のように投げなわ結びの要領で端イトを回していく。

⑤

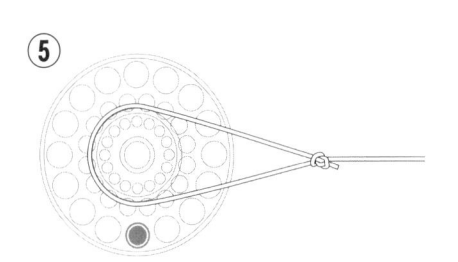

端イトを軽く引いて結び目を作る。

⑥

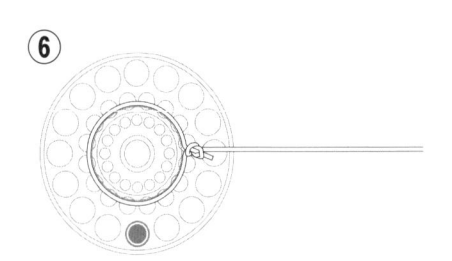

本線イトをゆっくりと引き締めてスプールに密着させたら完成。

①

バッキングラインの端に結びコブを作っておく。

②

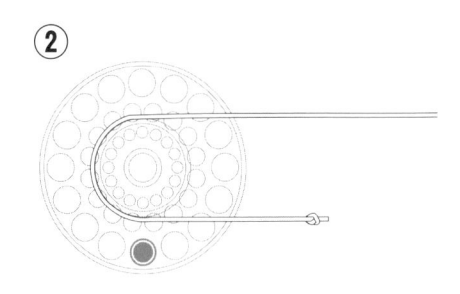

スプールにバッキングラインを回す。

③

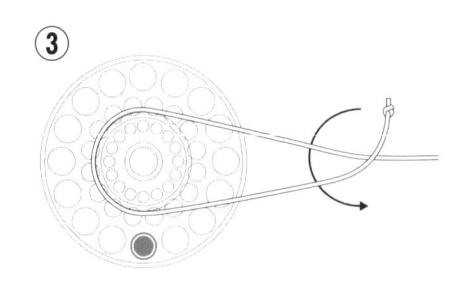

バッキングライン同士を交差させる。

オルブライトノット

バッキングラインとフライラインを接続するためのノット。
太さの大きく異なるイトを結ぶのに適している

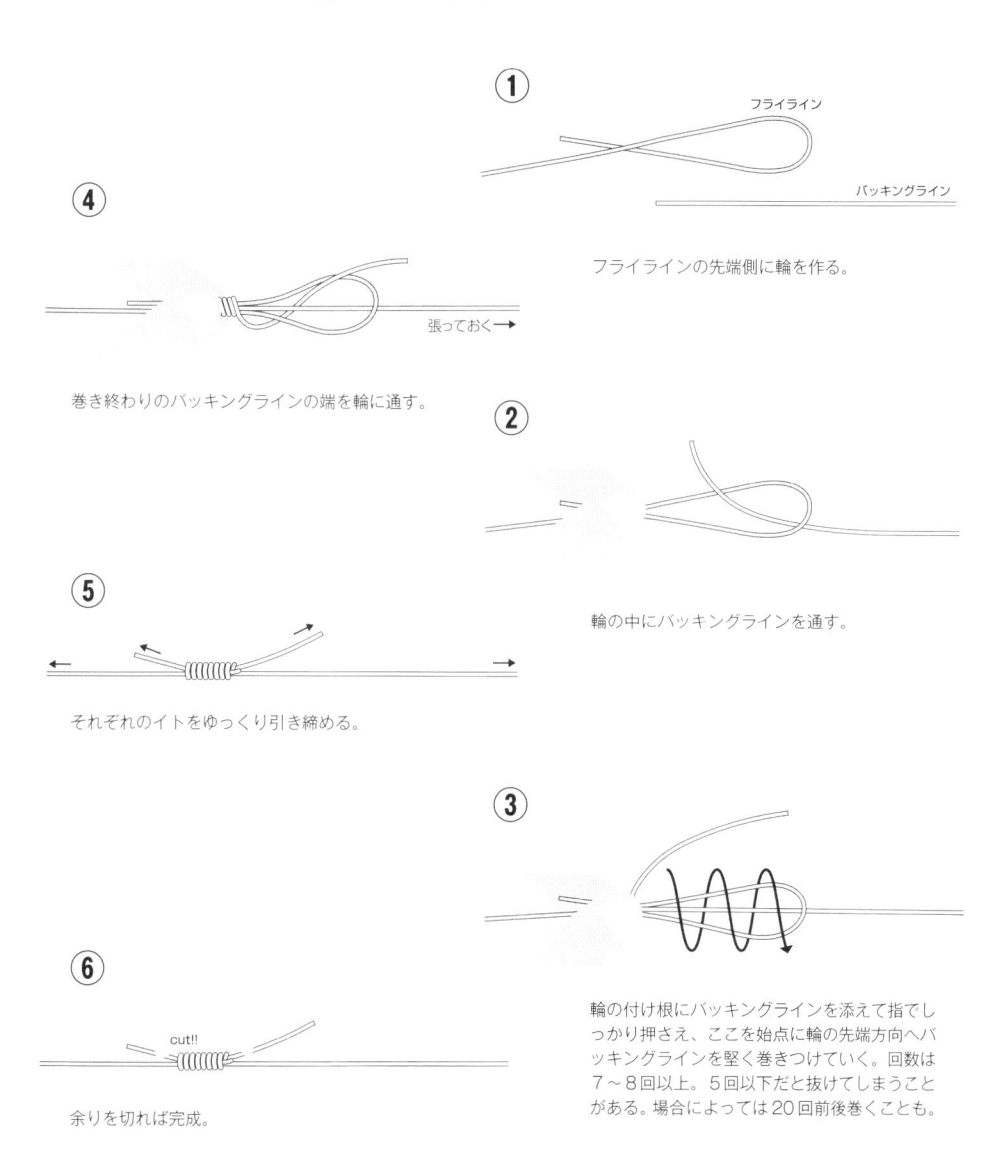

① フライライン / バッキングライン

フライラインの先端側に輪を作る。

②

輪の中にバッキングラインを通す。

③

輪の付け根にバッキングラインを添えて指でしっかり押さえ、ここを始点に輪の先端方向へバッキングラインを堅く巻きつけていく。回数は7〜8回以上。5回以下だと抜けてしまうことがある。場合によっては20回前後巻くことも。

④ 張っておく→

巻き終わりのバッキングラインの端を輪に通す。

⑤

それぞれのイトをゆっくり引き締める。

⑥ cut!!

余りを切れば完成。

セットしたタックルを持って移動する

フライを結んであるタックルを持って釣り場を移動する時は、一度ラインをリールに巻き取る必要がある

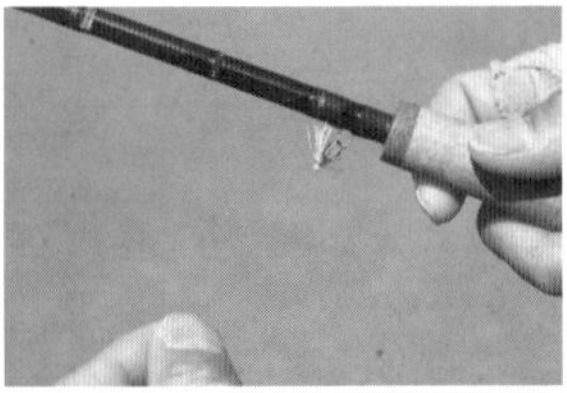

あとでラインを引き出すのが簡単な便利な方法

②フライに付いたティペットを、リールを回すとは反対の手でグリップ近くまで引っ張り（ここでは左手の人差し指にティペットを引っ掛けている）、そのままの状態でリールを回してラインのタルミを取っていく

③ライン全体が張ってきたところで、手に持っているティペットをリールの外側に引っ掛ける。その状態から最後に少しだけリールのハンドルを回せば、トップガイドの外もしくはトップガイドの近くでフライラインの先端を置いた状態でリールにラインを収納できる

①手の届く範囲で一番遠いガイドにフライを引っ掛ける

④ラインを巻き取ったタックルは前後に気を付けながら持ち歩こう

　フライを結んだ状態のタックルを持って釣り場を移動する時は、基本的にはフックキーパーにフライを引っ掛けてから余分なラインをリールに巻き取ればよい。
　ここでは、それ以外に覚えておくと便利な方法を1つ紹介しよう。フライフィッシングでは、キャストをする前にフライラインの先端部分をトップガイドの外に出す必要がある。この時、フライをただフックキーパーに掛けてリール巻き、ラインをただ回収していると、多くの場合はラインの先端がトップガイドよりもだいぶ内側に収納される形になる。すると、その部分を再度リールから引っ張り出すのが手間になる。
　そこでおすすめのライン収納方法は以下のとおり。まず、フライを自然に手の届く範囲で一番遠い位置のガイドに引っ掛け、次にフライに結ばれたティペットをグリップのそばまで引っ張ってきて、そのままリールを巻かないほうの手で握っておく。その状態のまま、今度はリールを巻いて（この時はティペットを握っている手でロッドも支える）ラインを回収していき、ある程度ライン全体が張ってきたところで手にしているティペットをリールの外側に引っ掛ける。最後にリールだけ回し、ライン全体を完全に張る。
　この方法を使うと、フライラインの先端をトップガイドの外側もしくは内側でもトップガイドに近い位置に収納することができる。フックキーパーにフライをただ掛ける方法より多少の慣れが必要だが、セットしたタックルを持って移動する時はこの方法がとても便利だ。

第4章

SIMPLE FLYCASTING TECHNIQUES

フライフィッシングを楽しむうえで欠かせないのが
フライキャスティングだ。
ここではロッドの基本的な持ち方から始め、
「ピックアップ＆レイダウン」と「ロールキャスト」の
誰でもすぐに釣りが始められる2つのキャスティング法を紹介しよう

すぐにできるフライキャスティングを覚えよう

ロッドの握り方

フライキャスティングをスムーズに行なうためには、まずフライロッドを正しく握ることが大切だ

フライロッドはリールを下にして握る

構えは水面と並行が基本。脇をしめて腕は身体の近くで振ろう

フライロッドはリールを下にして握った状態からロッドを前後に動かし、ラインを空中で伸ばして、ねらった場所にフライを運ぶというのがフライキャスティングの最も基本的な原理だ。

練習すればいくらでも上達することができるが、いくつかの基本を押さえれば、驚くほどシンプルなキャスティングでも充分釣りは楽しめる。まずはロッドの握り方。フライロッドの握り方にはいくつかの種類があるが、代表的なものは「サム・オン・トップ」「インデックス・フィンガー・グリップ」「Vグリップ」の3つだ。これらのうち、入門者に最もおすすめなのは、親指をロッドの真上に乗せる「サム・オン・トップ」である。ロッドを握る手の動きがブレにくいため、安定したキャストがしやすいというメリットがあり、多くの人に試しやすいグリップといえる。

サム・オン・トップではロッドの真上に乗せていた親指を、やや内側にずらし、ちょうど親指と人差し指の間でVの字にロッドを挟むようにする方法だ。この握り方のメリットは、全体に力を入れやすく、ロッドの移動距離を大きく取るロングキャストにも対応しやすいところにある。

いずれにしても、フライキャスティングではロッドをまっすぐ振る（前と後ろにロッドを動かした時に、その軌道が一直線になる）ことがとても大切になる。この動きがねじれてしまうと、フライラインの動きも安定しないため、コントロールが悪くなってパワーも落ちてしまうからだ。いろいろなグリップを試してみる時も、まずは自分がロッドを前後にまっすぐ振れるかをチェックしてみよう。

ただ、グリップはけっして1つの方法だけが正解なわけではなく、ほかのタイプもいろいろと試してみるとよい。サム・オン・トップと並ぶもう1つのおすすめは「Vグリップ」で、これはサム・オン・トップではロッドの

SIMPLE FLYCASTING TECHNIQUES 066

長さのあるフライロッドを安定した軌道で振るには、グリップはどんな種類のものを使う時でも、まず下の指3本をしっかり握るようにすることがコツだ。なぜなら、こぶし全体をぎゅっと握ってしまうようなグリップはよい意味での自由度が低く、ロッドの弾力や柔軟性を生かせないからだ。そこで、実際には下の指3本でまずしっかりロッドを手の中に固定し、そのうえで親指と人差し指でしっかりキャストをコントロールする。

「サム・オン・トップ」
親指をロッドの真上に乗せる握り方。グリップのやや上側に握手するように手を添えたら、そのまま親指をグリップの上に乗せる。

「Vグリップ」
サム・オン・トップの状態から手首を少し内側に絞って、親指と人差し指をV字に開く。力を入れやすく、ロングキャスト向きのグリップ。

「インデックス・フィンガー・グリップ」
人差し指を伸ばして握るグリップ。人差し指はロッドの真上に乗せる人と、ややずらして横に乗せる人がいるが、#3以下の低番手ロッドを使って近距離に正確なコントロールでキャストをしたい時に向いている。

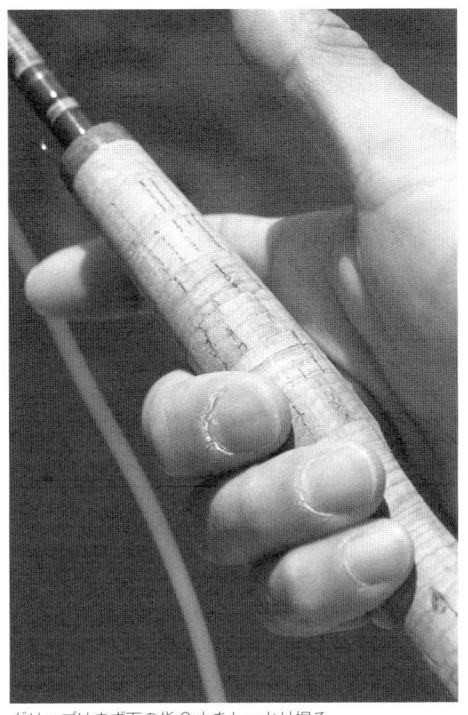

グリップはまず下の指3本をしっかり握る

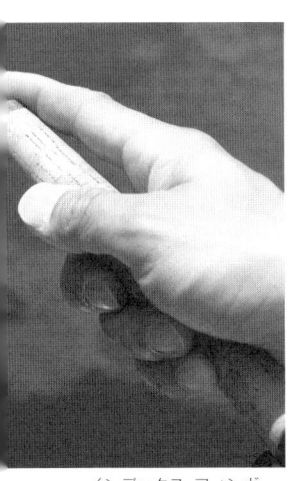

インデックス・フィンガー・グリップ 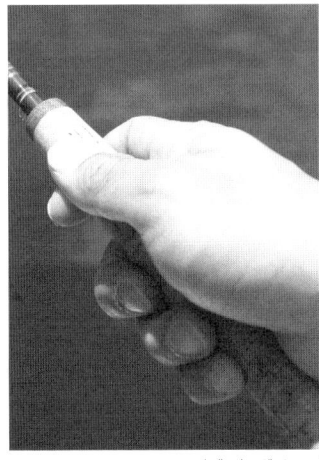　　　V（ブイ）グリップ 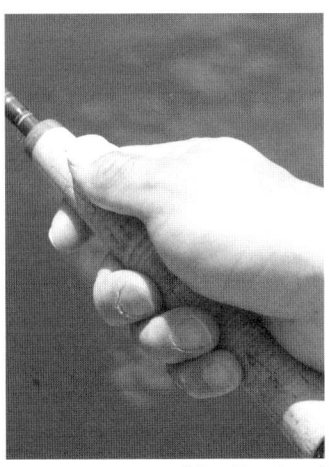　　　サム・オン・トップ

第4章：すぐにできるフライキャスティングを覚えよう

キャストの準備①
ロッドティップからラインを出す

フライキャスティングを始めるには、
ある程度の量のフライラインをあらかじめトップガイドよりも外に出しておく必要がある。
まずはロッド1本分のラインを外に出そう

①まずはフライリールからラインを引き出す
（フライはフックキーパーに付いた状態）

②引き出したラインは足もとに置く。ポンドの釣り場であればすぐ近くの水面に置くのもよい。慣れてきたらキャスティングで使う全量をこの時点で一度に出してもよいが、あまり足もとにラインを出しすぎても絡むことがあるので、まずはロッド2本分くらいを目安にしよう

フライタックルに慣れていないうちは、リールからフライラインを出し、キャストを始めるという動作が意外に分かりづらい。ここではスムーズにキャストを始めるための準備作業を、実際の釣り場での手順に沿って説明しよう。

まず必要なのは少なくともロッド1本分のフライラインをトップガイドの外に出す作業だ。フライラインには一定の重さがあるため、ある程度の量のラインがトップガイドの外に出ていないと、ロッドを立てただけでスルスルとラインがリール側に戻ってきてしまい、キャストに取り掛かれない。そこで最初はある程度の量のラインを手で引っ張り出してやる必要があるのだが、それを釣り場でよりスムーズに行なう方法がある。慣れてしまえばどうということのないものだが、確実にできるようにしておけば釣り場でもよりスマートに釣りができる。

④さらに大きくあおるように引っ張り、フライラインの先端がトップガイドの外に出てくるようにする

③ロッドを握っているのと反対の手（ここでは左手）でリーダーのなるべくフライラインに近い部分を掴んで引っ張る

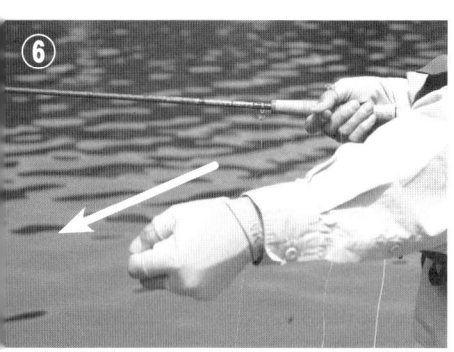

⑥左手でリーダーを引き、手の中でラインを滑らせるようにするとさらにフライラインの先端を手もとに寄せることができる

⑤左手で掴んだリーダーがフライラインの重みで引っ張り戻されないよう、ロッドを握っている右手でもリーダーを押さえる

⑦ ⑤〜⑥の作業を2、3度やるとフライラインの先端が手もとに来る

第4章：すぐにできるフライキャスティングを覚えよう

キャストの準備②
フライラインを伸ばす

ロッド1本分のフライラインをトップガイドから出したら、
さらにキャスティングに必要になるだけのラインをリールから出して水面に置く。
次にフライラインの先端を水に付け、その抵抗をうまく利用しながらロッドを左右に揺すっていくと、
スルスルとラインを伸ばすことができる。
フライラインを自分の正面にまっすぐセットできれば、キャスティングの準備完了だ

⑧ロッド1本分出しておいたフライラインを水面に置き、その状態から
リールの中のラインをさらに出す。この作業をする時は、グリップ近くの
フライラインをロッドを握っている手の人差し指に掛けておくとよい

⑩さらに反対方向にロッドを振る。
ラインを握っている手のテンション
はラインの出方に合わせて調整する

⑨手もとのフライラインを左手に持ち替えた
ら軽く握り、ロッドの先端を下（水面）に向
けた状態で大きく横方向に動かす

⑫ある程度出たところでラインをしっかり握り、今度はゆっくりロッドを立てていく

⑪水面に置いたラインがアンカーとなり、手もとからスルスルとラインが出ていく

⑭伸びたラインが前方に着水したら、そのまますぐにラインを斜め後ろに向かって跳ね上げる

⑬ラインが張っている感じを確認しながら、ロッドをまっすぐ前に振り下ろす。すると写真のように円を描いてラインが前方に伸びる

⑯ロッドの先端を下げ、フライラインを静かに水面に着水させる

⑮ラインが後ろに伸びたところで、今度はロッドを前に振るとラインが写真のように飛んでいく

071 第4章：すぐにできるフライキャスティングを覚えよう

ピックアップ＆レイダウン①
横から見た動き

フライキャスティングで最初に覚えたいのは「ピックアップ＆レイダウン」だ。
ピックアップ（持ち上げる）＆レイダウン（振り下ろして置く）の名前のとおり、
水面のフライラインを勢いよく持ち上げ、
それを今度は前方に向かって振り下ろすというシンプルな動作でフライをキャストする。
まずは本物のフライを結ぶ前に、フライなしでこの練習をしてみよう

ラインを人差し指に掛けて練習する

入門者がキャストを練習するにあたっては、まず手もとのフライラインをロッドを握る手の人差し指に掛け、キャスティング中にラインが緩まないようにしよう。ただし、慣れてきたらラインは反対の手で持ってもよい（P77参照）

ピックアップ＆レイダウンで投げる

① まず7～8mのラインをロッドのトップガイドから出して水面に置く。その手順はP68～71を参照。次に手もとのラインをロッドのグリップと一緒に利き手で持ったら、ロッドティップを地面スレスレまで下ろして肘を身体の横につける。これがスタートの位置になる

② ラインを後方にキャストする。この時はロッドを持った手を上空に撥ね上げ、最終的にロッドを持つ手を顔の横で止める。写真はその途中の動きのイメージ。この動きをピックアップという

③

③顔の横でロッドを止めたら、そのままラインが後ろに伸びるのを一呼吸待つ。ロッドは写真のように後方30度くらいの角度で止めること。手が頭より後ろまで動いてしまうとロッドを振りすぎであり、また、手首が極端に折れてロッドの角度が倒れすぎるのもよくない

④

④ラインの重さを感じたら前方にロッドを振る。ロッドは振り上げたのと同じ軌道でまっすぐ振り下ろすようにしよう。コツは力を入れすぎないこと。ラインを飛ばそうとして急激にロッドに力を入れてはいけない。ラインの重さを感じながらロッドを振ろう

⑤

⑤そのまま地面と水平になるまでロッドを倒す。その際、肘は伸びきらせずに①のスタートの位置に戻すようにすること。リーダーを含むフライまでがまっすぐ伸びて着水したら成功だ。一度でうまく行かない時は、連続して2～3回繰り返せばよい

073 第4章：すぐにできるフライキャスティングを覚えよう

ピックアップ＆レイダウン②
後ろから見た動き

ピックアップ＆レイダウンは少し練習すればすぐにできるようになるはずだ。
キャストの力加減も、実際にやってみればフライラインの重みでロッドが曲がるのが分かるのでそれほど難しいことはない。
1つだけ忘れてはいけないのは、ロッドをなるべくまっすぐな面で振ること。
左右にねじらず、安定した軌道でフライロッドを動かしてやることにより、
フライラインはまっすぐ飛んでいく

①キャストを開始する時は、投げる方向にまっすぐ身体を向ける。足は自然に開いてリラックスして構えよう

②ロッドを後方に向かって跳ね上げる。フライラインの重さを徐々にロッドに乗せるようにして、最後は勢いよく斜め後方に突き上げるとよい

③ラインが後方に伸びるのをしっかり待つ。ロッドの倒しすぎに注意

④ラインが伸びきったら、振り上げてきた軌道をなぞるようにして、今度はロッドを前方に振り下ろす

⑤ラインが前方に伸びていく

⑥最後はロッドティップを下げ、ライン全体を静かに着水させる

初歩のキャスティング Q&A

コツが掴めれば思いのほか簡単にできるキャスティングだが、
それでも最初は思わぬトラブルも経験するもの。
ここでは代表的な例とその解決法を挙げてみよう

Q：「ラインが自分に当たってしまうのですが……」
A：まずはラインを短くする。次にポーズを取れているか確認し、さらにもう少し力強くロッドを振ってラインをしっかり伸ばす

Q：「ラインがパチパチ鳴ってしまいます？」
A：ラインが伸びきるのを待てていないのが原因。次の動きに移る前にしっかりポーズを取ろう

サム・オン・トップでグリップを握っている場合、ロッドを前に振る時は親指をまっすぐ力強く押し込むようにするとパワーのあるキャストができる

キャスティングではポーズ（停止）をしっかりとることが大切だ

フライラインのたるみのことをスラックという。そして、スラックはスムーズなキャスティングの大敵になる。たとえばキャスティングに慣れない人が、ラインを出しすぎたり、ロッドを前後に振る幅が狭すぎると、ラインに充分な力が伝わらず、結果として低い位置を飛んでロッドや頭に当たりやすい。対策としては、まずはラインを短くして練習してみること。それでロッドに当たらなくなったら徐々に長さを伸ばす。また、バックキャストのポーズの時にロッドを動かさないことも大切だ。フライラインが伸びきる前にロッドを動かしてしまうと、その分あとでラインを引っ張ることができる量が少なくなるため、キャスティング全体がパワー不足になってしまう。

キャスティング中、まだ伸びきらないフライラインを急に力を入れて動かし始めてしまうとラインは空中で音をたてる。これはポーズが取れていない証拠で、パワーのロスにつながる現象だ。このような時はラインが伸びるまで充分な間を取るようにしよう。また、背後が斜面になっていたり、川原で障害物がある場所では、バックキャスト（後ろへのキャスト）でラインが垂れ下がってしまうとやはりラインがぶつかって音を立てる。バックキャストをしっかり伸ばすためには、ロッドを倒しすぎないように気を付け、かつ振り上げたロッドをしっかり止めるようにしよう。

SIMPLE FLYCASTING TECHNIQUES 076

Q：「キャスト中のラインは左手で持ってもよいのですか？」

A：ラインがたるむ感覚がなければ、フライラインはロッドと一緒に握らなくても構わない

フライキャスティングに慣れてくると、手もとのフライラインをグリップと一緒に握り込まなくても、ラインをたるませることなくロッドの操作ができるようになる。この時は、ロッドを握るのとは反対の手の指でラインを保持し、キャストの動きに合わせてラインを送り出したり止めたりするようにしよう。ラインを握る手は、基本的にはロッドを握る手と一緒に動かせばよい。言葉にすると難しい操作に聞こえるかもしれないが、実際にやってみれば短時間で慣れることができるはずだ

フライタックルの扱いに慣れてきたら、ロッドを振るのとは反対の手でフライラインを持ちながらキャストしてみよう

ロールキャストを覚えよう

ピックアップ＆レイダウンのほかに、もう1つ覚えておくと便利なのがロールキャストだ

ラインを回転（ロール）させて投げる

③ピックアップ＆レイダウンで止める位置よりもう少し倒す感覚でロッドを止める。この時にロッドティップから垂れ下がったラインが、自分の身体より後ろまで来ることを確認。この時点でロッドは止まっていてよい

②ロッドは斜め後方に向かって突き上げるように動かしていく

①水面に置いたラインを、ロッドをゆっくり立てながら手前に引きずってくる。この時はゆっくりラインを引きずることに注意する。ラインはまず7～8mをロッドから出してやってみよう

ロールキャストは水面の抵抗を使ってラインを前方にキャストする方法で、ラインを空中に投げ上げる動作がないため、誰でもトラブルなくフライをキャストすることができる。たとえば管理釣り場で非常に効果的な釣り方の1つに、インジケーターやスプリットショットを利用したインジケーターフィッシング（P98）があるが、このようなシステムで釣りをする時もロールキャストを使うとラインが絡まることが少なく非常に快適だ。派手さはないが非常に実用的なキャストであり、ポンドの釣り場、ストリームの釣り場を問わず、管理釣り場のフライフィッシングを始めるならまずこのキャストから始めてもよい。

ロールキャストのコツは、なんといってもフライラインをしっかりロッドの下に垂らし、ロッドを動かし始めた時にその重みが充分に掛かるようにしてキャストすることだ。するとロッドが曲がって弓のようにしなり、ラインを回転（ロール）させながら

⑦ ラインが前方に伸びて着水すれば完了。実際の釣りでは小さなロールキャストを何回か行ない、ラインをある程度伸ばした状態から最後に大きなロールキャストをするとスムーズにキャストおよび釣りができる

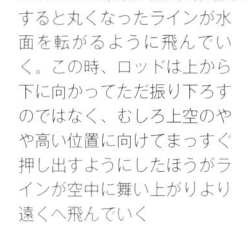

⑥ すると丸くなったラインが水面を転がるように飛んでいく。この時、ロッドは上から下に向かってただ振り下ろすのではなく、むしろ上空のやや高い位置に向けてまっすぐ押し出すようにしたほうがラインが空中に舞い上がりより遠くへ飛んでいく

⑤ そのまま連続した動きでロッドを前方に向かって「グイッ」と押しだす

④ ロッドを前に向かって押し出す動作に入る。おすすめは、ロッドを前に向かって動かす直前に、やや伸びあがるようにして腕の高さをもう一段階上げ、それと同時に60度くらいの角度までロッドを倒し、ラインの重さをロッドに乗せやすくする方法

持ち上げて、押し出すのがコツ

連続写真中の③〜⑤の動きを横から見るとこのようになる。ロッドをただ倒すだけでは引っ張ってきたラインの位置が下がってラインがたるんでしまうため、あくまでロッドを持ち上げながら倒し、それによってロッドにラインの重さが掛かりやすくしている

③の状態

⑤の状態　　　④の状態

キャストでもキャストの各段階でラインにスラックを入れないことが大切なので、たとえば一度ロッドティップを自分のほうに引き寄せてくる時点で、ある高さまで持ち上げたら、投げる直前まではそのあとのキャストの動きの中でその高さは下げないように意識する。その際は、ラインら前方に運んでくれる。スピードを上げずゆっくり操作するのがコツ。また、ロール

079　第4章：すぐにできるフライキャスティングを覚えよう

キャスティングの基本用語

フライキャスティングには、その動きやラインの形を表わすためのいくつかの用語がある。おもなものを覚えておくと、解説DVDを見たり、専門誌の解説記事を読む時にも便利だ

キャストされたフライラインが空中に描く弧が「ループ」

フライキャスティングにはいくつかの用語がある。これまでに紹介してきた「ピックアップ&レイダウン」や「ロールキャスト」などはキャスティングの種類を示すものだが、キャスティングを構成する動きにも決まった用語がある。ここでもよく使われるものを紹介しよう。

◆フォワードキャスト/バックキャスト

前方にロッドを振ってラインを伸ばすことをフォワードキャスト、後方に振ってラインを伸ばすことをバックキャストという。

◆フォルスキャスト

キャストの距離や方向性を調整したり、フライを乾かすために空中でラインを前後させるキャストをフォルスキャストという。フライキャスティングではこれらのストップをしっかり行なうことが勢いのあるラインを飛ばすコツになる。

◆プレゼンテーションキャスト

フォルスキャストのあと、魚を釣るために最終的にラインを水面に置くことをプレゼンテーションキャストという。また、この時に手もとのラインを解放し、スルスルと伸びていくようにすることをシュートという。キャストに慣れてくると、シュートで飛距離を稼げるようになる。シュートの時は力み過ぎず、また腕を振りすぎないようにするとうまくいく。

◆アーク

キャスト中にロッドを前後に倒す角度（その幅）のことをアークという。アークとは英語で「弧」の意味だ。

◆ストローク

キャスト中にロッドを動かす距離、おもに前後方向の手の動きの幅のことをストロークという。

◆ストップ

ロッドを振る時は前後でポーズを取り、その時に動かしてきたロッドをピタッと止める。その止める動きのことはストップという。フライキャスティングではこれらのストップをしっかり行なうことが勢いのあるラインを飛ばすコツになる。

◆ループ

止めたロッドが曲がって復元する、その動きに合わせてラインがUの字を描きながら飛んでいく。このUの字のラインの形をループという。フライキャスティングではループを作ることが大切であり、ループが徐々にほどけてリーダーまで一直線に伸びることでフライが遠くに運ばれる。なお、ループの幅はロッドの先端が通った一番高い位置と、ロッドが復元して先端が返った一番低い位置との上下の幅で決まる。狭いループをナロープと呼び、広いループをワイドループと呼ぶ。ナロープのほうが空気抵抗が小さく遠投ができる。

第5章 管理釣り場で魚を釣ろう

TECHNIQUES IN A FISHING AREA

タックルをセットしキャストを覚えたら、いよいよ釣りの開始。
ここではフライタックルを使って釣りをする時の
基本的な手順をまず紹介し、
そのあとドライフライ、ウエット、ニンフなど
さまざまなフライを使った実際の釣り方を解説する

釣りの基本①
キャスト直後の操作

キャストの直後にはまずラインのたるみを取る。それによりさまざまなアタリに備えよう

水面のフライラインはなるべく余分なたるみがない状態をキープしよう

フライフィッシングでは釣り方にかかわらず、ラインがたるんでいるとアワセが利かず魚がうまくハリに掛からない。そのため、まずはキャストした直後からラインのたるみを取ることが必要だ。

たるみが入ってしまう要素はいくつかあるが、最も分かりやすいのはキャストそのものがうまくいかずラインにスラックが入るケースである。次にフローティングラインを使っている場合であれば、最初はまっすぐに置かれたラインが水面の影響でたわんでくることもある。そのほか、シンキングラインを使うと水中に沈下していく過程でやはりラインがたわむ。いずれにしても大切なのは、キャストの直後からたるみを速やかに取り除くことだ。なぜなら、どんな釣り方をする時でも魚は着水の直後からフライを食ってくる可能性があるからである。

ラインのたるみを取る方法はいたって簡単だ。キャスティングが終わったらフライラインをロッドを握る手の人差し指に掛け、すぐにラインを何度か引いてまっすぐに形を整えればよい。指にフライラインを掛けて引っ張ることの動作をリトリーブというが、リトリーブはキャスティングのたるみを取るだけでなく、実際にはフライを動かしてウエットフライやストリーマーを泳がせる基本的なテクニックとしても広く使われる。

ラインのたるみを取りのぞいたらアワセに備えよう。魚がヒットした時には素早いアワセ（ラインを張ってフライをしっかり魚の口に掛けること。フッキングともいう）が必要になる。アワセが決まって魚の重みがずしりと伝わる瞬間は、何度体験しても非常に楽しいものだ。

TECHNIQUES IN A FISHING AREA　082

ロッドの先端を下げ、リトリーブを使ってラインのたるみを少なくした状態でアタリを待つ

②反対の手でラインをリトリーブし、水面に置かれたラインを一度伸ばしてやる。たるみが少なくなったら、その状態でアタリを待つ

①キャストしたらすぐにロッドを持つ手の人差し指にラインを掛ける。通常、水面のラインには何もしないとある程度のたるみ（スラック）が入る

キャスト後にまっすぐラインを伸ばし、魚の反応をみて速やかにアワセが決まれば……

釣りの基本②：アワセとやり取り

ロッドを立ててフッキングしたら、一定のテンションを保って徐々に魚を手もとへ寄せる

魚の引きにはフライロッドを一定の角度に立てて対応しよう。ロッドの弾力が魚の抵抗をいなしてくれる

魚がフライに反応したら、ラインを指に掛けたままロッドを持ち上げてフライを魚の口に掛ける。この動作を「合わせる（アワセ、フッキング」という。

アワセがうまくいき、手もとに魚の感触が伝わるようになったら、ラインをたぐって魚を自分のほうへ引き寄せよう。フライフィッシングではいきなりリールでやり取りをするのではなく、まずは手でラインを引いて（引いたラインは足もとに置いていく）、直接魚を近くに寄せてくるのが通常のやり方だ。この時、魚が強い引きを見せる時には、無理にラインをたぐらずにロッドのしなりを生かして魚を弱らせる。大きな魚でさらに引く時は、ロッドを持つ手に掛けているラインを緩めて魚を走らせ、しばらくして弱ってきたらふたたびラインをたぐって近くに寄せる。

リールでやり取りする必要が出てくるのは、大型の魚が掛かって一気に遠くに走られた場合などだ。その時は余分なラインがほぼ引き出された時点で、リールを使ったやり取りに切り替え、魚の弱り具合を見ながら徐々にリールでラインを巻き取っていく。

手でラインを引く場合も、リールでやり取りする場合も、いずれにせよ魚を寄せてくる時にはロッドを垂直くらいまで起こし、サオ先の弾力を生かして魚にプレッシャーを与えながらやり取りする。

ロッドのグリップは腕に当てる

やり取りの最中にロッドを一定の角度に保つには、ロッドのグリップエンドを腕の内側に当てるとよい。こうすると楽に一定の角度を保つことができる

ロッドは立てた状態をキープ

アワセのあとはロッドを立てた状態をキープし、魚にプレッシャーを与えながらラインをたぐって徐々に手前に寄せてくる

リールでやり取りする時はまず余分なラインを回収する

①・②リールを使って魚とやり取りする時は、まずロッドを握る手の指にフライラインを掛けたまま、リールを素早く巻いて手もとの余分を回収する。これをしないと緩んだ状態で巻き取ったフライラインがリールの中で絡まる原因になる

③余分なラインがリールに回収されたら、ロッドを握っている手の指からラインを離し、そのままリールでのやり取りに移る

釣りの基本③
魚の取りこみとリリース

近くまで寄せてきた魚は、最後にランディングネットを使って水辺で取りこむ。元気なうちにリリースしよう

フライラインをトップガイドの内側まで引きこんだら、姿勢を低くして魚をランディング。ロッドで魚をネットの方向に誘導する

ポンドの釣り場ではランディングネットの柄をこのように膝で固定するとよい

フライラインを足もと（あるいはリール）に回収し、魚が寄ってくる量をロッド1本分くらいまで縮めておく必要がある。

そこまで魚を寄せることができたら、次に膝を付いて姿勢を低くし、ランディングネットを用意する。ランディングネットに魚を入れる時は、ラインをしっかり指で押さえて緩まないようにし、そのままロッドを立てて魚の身体の近くに構えているネットのほうへ滑らせてくる。この時は離れた位置にいる魚に対して無理にネットを突き出すのではなく、ロッドを持つ手を身体の後ろのほうへまず移動させて、魚が自然に自分の近くへ向かって来たところでわずかにネットを差し出すようにするとうまくいくはずだ。

ランディングネットにすくった魚はそのまま水中にキープする。この時、ポンドタイプの釣り場であれば、ネットの柄を膝で地面に押さえて固定するとよい。すると魚からフックを外す作業も落ち着いて行なうことができる。魚からフックを外すにはフォーセップなどのツールを利用しよう。

近く、もしくは少し内側に入る程度までラインを回収しよう。その長さはテーパードリーダーとティペットをどれくらい付けているかによって異なるが、いずれにしてもロッドの先から出ているラインイラインの先端がトップガイドのりこみの作業をフライフィッシングではランディングと呼ぶ。魚をランディングする時は、まずフラて最後に水辺で取りこむ。この取きたらランディングネットを使っ

フォーセップの使い方

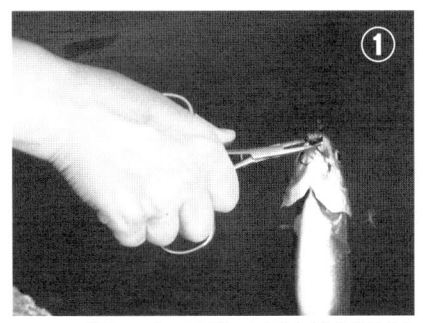

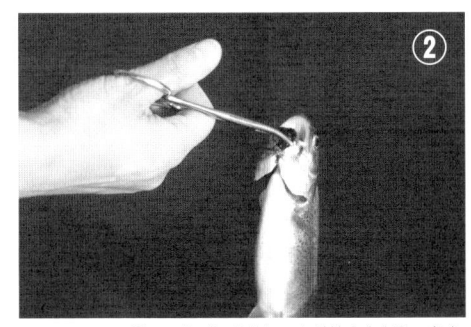

②フックベンドをしっかり摘んだら、魚をやや持ち上げるようにしつつ、フックの先端が下を向くようにフォーセップをひねる。すると魚の重みで自然にフックが抜ける。魚はそのままリリースすればOK

①フォーセップを使ってフライを魚の口から外す時は、フォーセップの先でフックのベンド部分（フックが曲がっているところ）をしっかり摘まむ。この時はティペットを少し引っ張ってフライの姿勢を安定させるとよい

ケッチャムリリースの使い方

③フォーセップと同じ要領で、フックの先端が下に向くようにケッチャムリリースをひねる

④すると魚の重みで自然にフックが外れる。水辺で作業すればそのまま魚はリリースできる

①魚からフックを外すツールはフォーセップ以外にもいくつかある。その1つであるケッチャムリリースは、スリットの入った先端のパイプにまずティペットを通す

②そのままパイプをティペット伝いに魚の口まで移動させ、フックのベンド部分に押し当てる

第5章：管理釣り場で魚を釣ろう

釣りの基本④
魚に触れる場合のリリース

効果的なリリースをするためには、
魚を手で支えながらフライを外す方法についても基本を押さえておきたい

ダメージを最小限に抑える魚の扱い方を知っておくことで、効果的なリリースを実践することができる

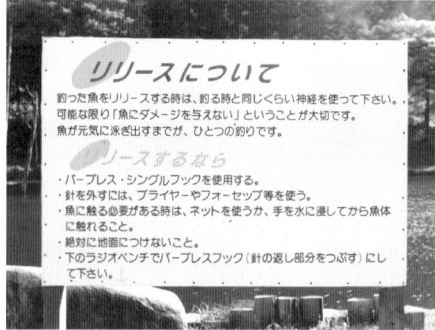

リリースについて

釣った魚をリリースする時は、釣る時と同じくらい神経を使って下さい。
可能な限り「魚にダメージを与えない」ということが大切です。
魚が元気に泳ぎ出すまでが、ひとつの釣りです。

リリースするなら
- バーブレス・シングルフックを使用する。
- 針を外すには、プライヤーやフォーセップ等を使う。
- 魚に触る必要がある時は、ネットを使うか、手を水に浸してから魚体に触れること。
- 絶対に地面につけないこと。
- 下のラジオペンチでバーブレスフック（針の返し部分をつぶす）にして下さい。

最近のフライフィッシングでは魚に与えるダメージを最小限にして、釣った魚を元の流れに戻すのが一般的だ。前ページで紹介した、フォーセップを使い魚に触れずにリリースする方法はその1つだが、実際の釣り場では魚をしっかり押さえながらフックを外すことが必要な場合もある。たとえば、魚のサイズが大きかったり、フライの刺さっている位置が口の奥のほうで、魚の動きを自由にした状態ではうまくフライにフォーセップを当てられない場合などがそうだ。また、渓流でテンポよく釣りをしている時には、魚のサイズによってはランディングネットを使わず、手でキャッチしてそのまま素早くフライを魚の口から外すほうが効率的なこともある。

それらの時も、魚をなるべく水から出さないという基本は変わらない。そのうえで、まず覚えておきたいのが、魚に触れる前に自分の手をしっかり冷やすことだ。トラウトはもともと冷水を好む魚であるため、冷やしていない人間の手で握ると火傷に近い状態になったり、表皮が傷付いたりすると言われている。また、魚を手で握る時には、無理に押さえこもうとしてお腹の下の内臓などを強く圧迫してしまうと、やはり大きなダメージを与えてしまう。

これらの点に注意して、逃がした魚がふたたび元気に泳いで戻れるような効果のあるリリースを心がけたい。

釣り場の水で充分に手を冷やす

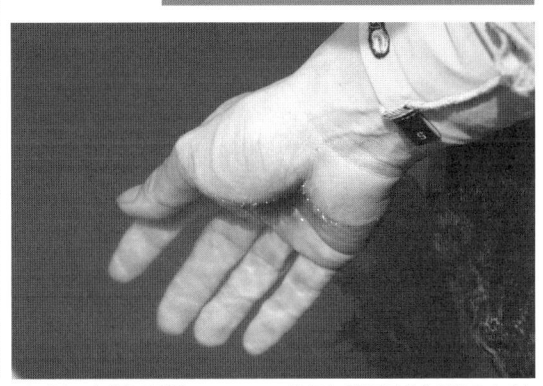

フライが魚の口の奥に掛かっている時は、まず魚の頭近くをしっかり押さえてフライを摘まみやすくする。この時、白く軟らかい腹の部分はできるだけ圧迫しないことが大切だ。フォーセップは魚がおとなしくなったタイミングで使い素早く作業する。フライを外した魚は元気であればそのまま放してやり、疲れておとなしくしている場合は、自然に泳ぎ出すまでしばらく手で支えてやる

魚を手で触る時は釣り場の水で充分に手を冷やそう。乾いた手で魚を触ると体についている粘膜が剥がれて、そこからカビが生えて病気になってしまう

渓流のハンドランディング

ストリームの釣り場や渓流のフライフィッシングでは、釣った魚をそのまま手でランディングし、素早くフライを外して流れに返すこともよく行なう。その場合も手を水に浸し、充分に冷えたところで魚の頭近くを持とう

ロッドを握っていないほうの手で魚の頭近くを押さえながら（エラを強く押さないように注意）、反対の手でフライを摘んで外す。手で外しにくい時はフォーセップを使う

フライを外した魚は自然に泳ぎ出すまで手で支える。大きな魚の場合は尾を持って前後に動かし、エラに新鮮な水を送り込んでやる方法も効果的だ

ポンドのドライフライ・フィッシング

フライフィッシングを始めたら、まずやってみたいのがドライフライを使った釣りだ。
ティペットを長めにとり、静かに水面に浮かべたり、
あるいは少し動かしてみたりしてねらってみよう

浮かべたフライに魚が飛び出すドライフライ・フィッシングは、最も手軽であり、かつ最も楽しい釣り方の1つだ

ポンドタイプの釣り場でも、ストリームタイプの釣り場でも、ライズをしている魚は幅広いパターンのフライにアタックしてくる。魚が水面まで浮上し、何かしらのエサを食べている状態をフライフィッシングでは「ライズ(=浮上)」というが、水面に波紋が広がるこのような時はドライフライで釣るチャンスである。

初めのうちはあまりパターンに悩みすぎず、とりあえず手持ちのフライでねらってみよう。ただし、食べているエサに対して大きすぎるフライは反応がよくない場合があるので、まずは#12〜14くらいのフライでようすをみて、反応が悪ければサイズダウンしたほかのパターンに切り替える。

ポンドのドライフライ・フィッシングでは、ティペットが短すぎるとフライがフライラインのすぐそばに落ちてしまい、すると太く目立つフライラインを警戒した魚がフライに反応しにくくなることがある。そこで、向かい風なら9フィートのリーダーにティペッ

ティペットは細いほうが魚の反応がよい。フライのサイズにもよるが、5Xもしくは6Xくらいが基準だ

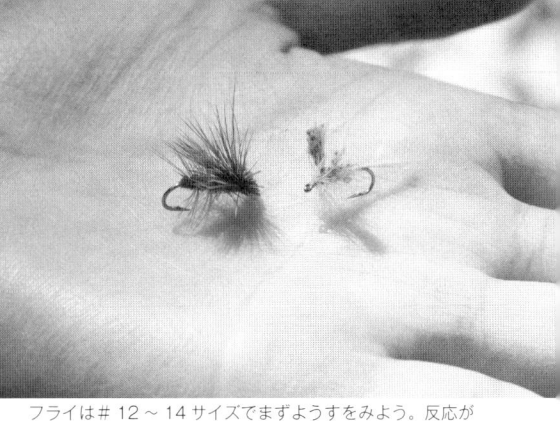

フライは#12～14サイズでまずようすをみよう。反応が悪い時はサイズを落としたり、同じ大きさでもボリュームが少ないパターンに替えてみる

フライはライズしている魚の真上ではなく、頭を向けている進行方向に落とせればベスト。魚が見えない時はとりあえずライズのあった近くに落とせばよい

フライを動かして誘う

静かに水面に浮かべたフライに魚が反応しない場合は、ラインを少し引っ張ってフライを動かしてみよう

すると魚が興味を持って食いつくことがある。少し動かして止めておくのもよい

トを50cmくらいは足したい。追い風なら12フィートのリーダーにティペットを1mくらい足して長くするとよいだろう。ティペットの太さはフライが#12～14であれば5X、それ以下の小さいサイズの場合は6Xを基準にする。#18より小さなミッジパターンであれば、ティペットも細くして7Xまで落とす。一般的にティペットを細くすればするほど魚の出はよくなるが、細いイトほど切れやすくなる。

フライは魚の姿が見えている時はその魚の進行方向に、見えない時はライズしたあたりにキャストすればよい。ラインやリーダーのたるみ（スラック）を取ったら、静かにフライを浮かべてアタリを待つ。10秒くらい置いて反応がない時は、ラインを軽く引っ張ってフライを少し動かしてみよう。しばらく水面に静かに置いておくと、興味を持った魚が食いつくことがある。それで反応がなければフライをピックアップし、キャストをやり直して少し違う場所にフライを置いてみよう。

フロータント処理で釣果を伸ばす

ドライフライは水面にしっかり浮かべて使うことが大切だ。
そのために必要なフロータントの塗り方を押さえておこう

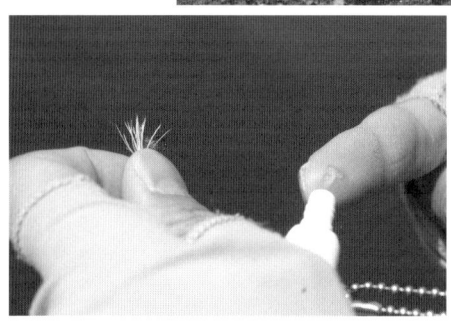

フロータント処理に使うアイテムの一例。右のチューブがジェル状のフロータントで、左のボトルに入っているものは濡れたフライを乾かす乾燥材だ。下にあるのはフライの水分をふき取る専用のシートでティッシュペーパーなどを使ってもよい

フロータントは少量をフライに刷りこむのが上手に使うコツ。付けすぎは逆効果になる場合が多い

どんなパターンを使う場合でも、ドライフライはよく浮かぶ状態で使うのが基本だ。中途半端に沈んでしまったドライフライは、魚から偽物だと見破られやすくなるため、ポンドであってもストリームであってもよい反応が得られなくなる。

ドライフライはまず、使用する前にフロータントと呼ばれる撥水剤をしっかり塗布してから使うようにしよう。フロータントには液体、スプレー、ジェルなどのいくつかのタイプがあるが、まず1種類だけそろえるなら、ジェルタイプが使いやすい。ジェルタイプはフライのほかに、リーダーやフローティングラインにも塗ることができる。

ジェル状のフロータントは少量をよく伸ばすように使うのが基本だ。付けすぎはフライが重くなって逆効果になる。そのうえで、初めにフロータントをしっかり塗ったとしても、何度かキャストを繰り返すと、フライにはしだいに水がしみて沈みやすくなる。その場合は、適当なタイミングでフライを

TECHNIQUES IN A FISHING AREA　092

ジェルフロータントを塗る

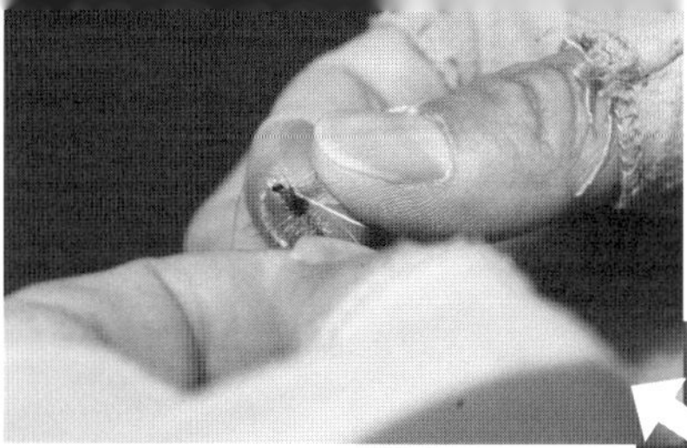

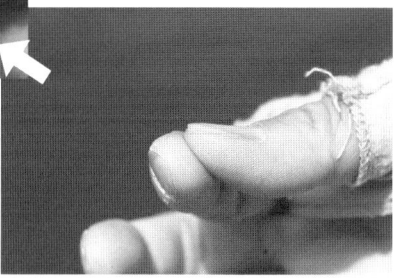

使い始める前のまだ濡れていないフライに、揉み込むようにしてフロータントを塗る。フライの一部に塗ってもフライ全体に塗ってもよい

ジェルフロータントは少量を乾いた指に取りよく伸ばす

ジェル状のフロータントはティペットやフローティングラインの先端を浮きやすくするのにも使える。その場合も釣りを始める前に塗っておこう

ヌメリの付いたフライの再処理

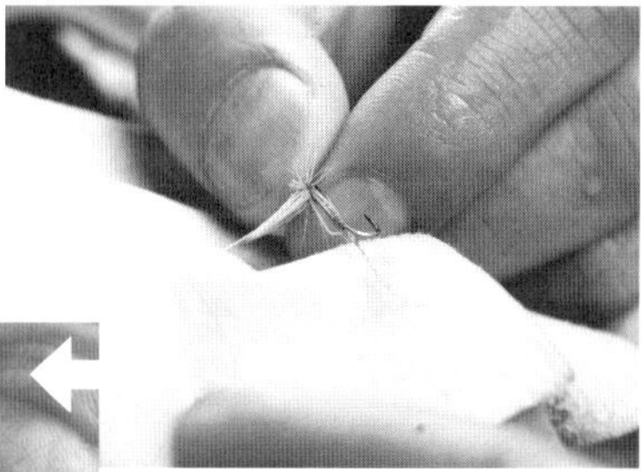

フライにしみ込んだ水分がなくなると、このようにフライがバラリとした状態になる。この状態に戻ったら再度フロータントを付ける

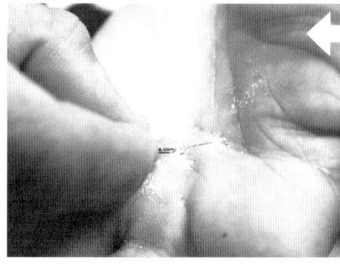

次にフライの乾燥材（シリカゲルなどの粉末が多い）を手に取り、その上にフライを乗せて揉むようにフライを乾かす

魚が釣れて完全に濡れてしまったフライは水で洗ってから、次に乾かす作業に入る。まず専用のシートやティッシュペーパーでよく水分をふき取る

乾いた布やティッシュペーパーで拭いてよく乾かし、必要に応じてドライフライ用の乾燥材なども使ったあとで、フロータントを塗りなおすようにしよう。この作業をこまめに繰り返すことが、ドライフライで魚を釣る大きなコツになる。

なお、魚が釣れるとそのフライには魚の口にあるヌメリが付いて非常に乾きにくくなる。それでも使いたい場合は、フロータントの処理をする前にまず水でよくすすいでヌメリを落とすことが必要だ。ヌメリが強くすぐに浮力が回復しそうにない場合には、フライを新しいものに交換するほうがよい。その場合、濡れたフライは水でよくすすいでから、フライパッチなどにつけて乾かしておく。しばらくたってからふたたびフロータント処理をすれば、ずいぶん快適に使えるはずだ。

ストリームの
ドライフライ・フィッシング

ドライフライをストリームの釣り場で使う時は、
川の流れをよく見て魚の上流側からフライを流そう

ストリームの釣り場では斜め上流にドライフライをキャストする「アップクロス・キャスト」でまず釣ってみよう。その際はフライが手前に流れてくるにしたがってラインがどんどんたるんでくるので、キャスト後はフライを動かさない程度に素早くラインを手繰る。そのままにしておくと、魚がフライに出た時にロッドを立ててもラインがたるんでフッキングできない

ストリームタイプの釣り場でドライフライを使う時は、フライを流れに乗せて魚の上流側から自然に流す。なぜなら、渓流魚は基本的に水通しのよいところに定位しているからだ。そうして自分が定位している流れの筋に自然なスピードでフライが流れてくると、水生昆虫などのエサだと思って捕食行動に移る。

川の中で最も魚が集まりやすいのは「流心」と呼ばれる一番勢いのある流れの筋やその周辺だ。そのためストリームを釣る時は、上流からの水が入り込んできて、下流に向かって波立って流れているあたりをまずはねらってみる。流心は川の形状によっては1つの場合もあるし、いくつかの似たような勢いの流れが同時にできている場合もある。

ただ、魚は流心の周辺だけにいるわけではない。常に強い流れの下にいることは魚にとっても疲れるため、流心がしだいに勢いを弱めて左右に広がる「ヒラキ」と呼ばれる部分にいることもあれば、さらに流心の流れが左右に広がった結果、川の両岸にできる「反転流（巻き返しともいう）」の中にいることもある。気を付けたいのは反転流の中にいる魚の向きだ。反転流の中で

川の流れ方と魚の向き

(写真中のラベル)
- ヒラキ
- 反転流
- 流れ込み
- A：流心
- B：反転流
- 上流

水通しの最もよい流心近くには多くの魚が上流を向いて集まっている。このような場所は一定の波立ちがあってティペットなどの存在感も薄くなるため、ドライフライで魚を釣りやすい。アップクロス・キャストやクロスストリーム・キャストでフライを流してみよう

B：反転流の魚

反転流にいる魚も釣れる可能性はあるが、流心付近に比べると水面の波立ちが弱いので魚も人の姿に気づきやすくなる。まずは魚にとっての下流側になる、川の上流側に立ってねらってみよう。ポンドほど水面が穏やかなわけではないが、フライを動かして引き波を立てると魚が飛び出してくる場合もある

A：流心の魚

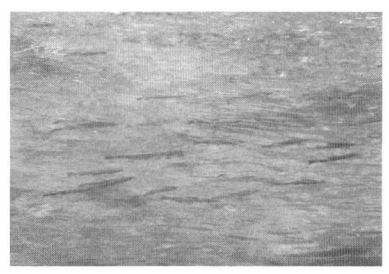

水通しの最もよい流心近くには多くの魚が上流を向いて集まっている。このような場所は一定の波立ちがあってティペットなどの存在感も薄くなるため、ドライフライで魚を釣りやすい。アップクロス・キャストで魚の上流側にフライを落とし、自然なスピードで流れるようにする

は、流れが通常とは反対方向になっているため、魚も川の下流側を向いて泳いでいる。したがって、ドライフライを流す時にもその流れの向きを意識しておく必要がある。

とはいえ、初めは難しく考えすぎず、魚がいそうな流れにドライフライを場所を変えながら落としてみよう。ストリームの魚は落としたフライにすぐに食いつくよりも、しばらく流れたあとにエサと思って飛びだすことが多いので、できれば1mくらいは自然な速度でフライを流したい。

その際は自分の斜め上流に向かってキャストする「アップクロス・キャスト」もしくは自分の真横に向かってキャストする「クロスストリーム・キャスト」がおすすめだ。魚に姿が見られにくいのでフライを流れに乗せて自然に流しやすくなる。エサとなる本物の水生昆虫が川を流されていくようすをイメージしながら、なるべく自然なスピードでドライフライを流してみよう。

ナチュラルドリフトを演出するメンディングのテクニック

ストリームの釣り場でドライフライを使う時は、メンディングを利用すると魚が釣れやすくなる

ストリームの釣り場ではフライにドラッグが掛からず、自然な速度で流れるナチュラルドリフトが非常に大切だ

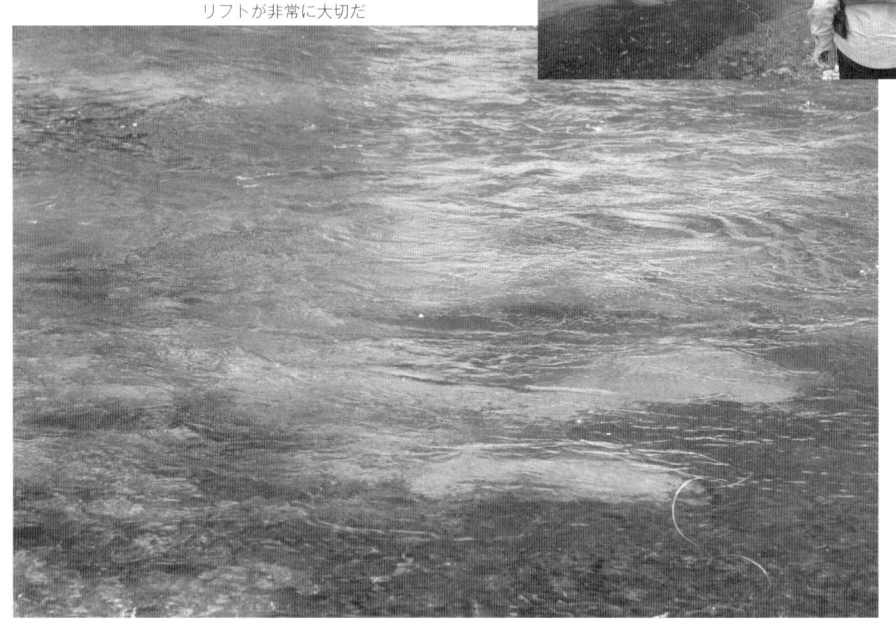

川の流れに合わせてフライを自然な速度で流すことをナチュラルドリフトという。ドライフライはナチュラルドリフトで流れる時に最も魚の反応がよいが、実際に釣りをしてみるとこれがなかなか難しい。

そのおもな原因は、水面を流れるフライラインに引っ張られてフライが動く「ドラッグ」だ。川の表面は場所によって異なるスピードで水が流れており、その影響で水面に置かれたフライラインが動くと、その先のテーパードリーダーやフライも一緒に引きずられてドラッグが掛かってしまう。

そのような時、ドラッグの発生を最小限に抑え、フライをなるべく長時間ナチュラルにドリフトさせるために用いられるのが「メンディング」だ。これは水面の流れに引っ張られそうになるフライラインを早めに上流側に打ち返すことで、フライに掛かるドラッグを最小限に抑えるテクニックを言う。これができると、魚がフライを本物のエサと思って飛び出す確率がずっと高

メンディングを利用したアップクロス・キャストの釣り

②ラインが着水してフライが流れ始めると、それと同時に手前のラインが流れの影響で徐々にたわみはじめるが、これをそのままにしておくと早い段階でフライがラインに引っ張られドラッグが掛かる

①魚のいると思われる場所の1mくらい上流を目安にアップクロスでフライをキャストする。この時、リーダーやラインが水面を強く叩くと魚が逃げてしまうので、なるべくふわりと落ちるようにキャストする

④一連の操作により、フライが流れに乗って自然なスピードで動く距離と時間を稼ぐことができる。メンディングは1回でなく2回以上行なってもよい。魚がフライに出たらロッドを上げて素早く合わせる

③そこでフライロッドで手前のラインを上流側に跳ね上げるようにし、水面のラインの形を修正（メンディング）する。この時はフライを動かさないよう、フライラインからリーダーくらいまでだけを動かすようにする

くなる。ぜひ覚えて実践してみよう。

なお、メンディングを利用してフライをより長い時間ナチュラルに流すためには、リーダーとティペットは長ければ長いほど有利になる。ただ、長すぎてねらったところにフライが落ちなかったり、ラインがキャストの途中で絡んでしまっては意味がない。最初はコントロールできる範囲でなるべく長くしていって、慣れてきたら少しずつ長くしていこう。まずはテーパードリーダーに9〜12フィート・5〜6Xのものを選び、その先に5〜7Xのティペットを50〜150cmくらい付けたリーダーシステムを使うのがおすすめだ。

ポンドの
インジケーターフィッシング

カラフルな目印を使うインジケーターフィッシングは、
入門者にも魚がよく釣れる方法として人気がある

インジケーターを目印にしてアタリを待つ。水面に着いた直後から、引かれる、揺れる、などの動きが出ないかよく観察しよう。変化があればすぐに合わせる

フライフィッシングでは リーダーやティペット部分に取り付けるさまざまなタイプのウキのことを「インジケーター」もしくは「マーカー」と呼ぶ。素材は軽くてよく浮くヤーン(化繊)やフォーム(発泡素材)がほとんどだ。このウキを取りつけた先に、ニンフや管理釣り場用のフライパターンを結び、水中を漂わせて魚を釣ることをインジケーターフィッシング(マーカーフィッシング)という。

インジケーターフィッシングをする時は、ドライフライで釣る時のタックルをそのまま利用すればよい。ラインはフローティングラインを使おう。魚の泳いでいる層をタナというが、インジケーターフィッシングではウキからフライまでの

長さをタナに合わせることがポイントである。

フライはウエイト(オモリ)の入っているフライや、ビーズヘッドの付いたものを使う。もし、ウエイトが入っていない軽いフライを使う場合は、フライの上にスプリットショット(ガン球)を付けよう。ただし、スプリットショットを付けるとキャストしづらくなるので、初めのうちはなるべくウエイトが入ったフライを使うことをおすすめする。

タナが分からなかったら、まずインジケーターからフライまでの長さを1mしてようすをみる。キャスト後、インジケーターが動いたり引き込まれたりしたら合わせるようにしよう。アタリがあったらなるべく時間を置かず、間髪入れずに合わせるのがコツだ。なぜなら、インジケーターフィッシングをしている時は、魚がフライをくわえてから目印にアタリが出るまでに時間差があるからである。ただし、強くしすぎるとアワセ切れ(アワセの勢いで

インジケーターはティペットか、またはリーダーの細いところにつける。リーダーの太いところにつけるとインジケーターの反応が悪くなってしまうからだ。そのため、タナが深い場合はティペットを長く足す。リーダーは9フィートでティペットは5〜6Xを1〜2m足そう。インジケーターはまずフライの上1mに取り付ける

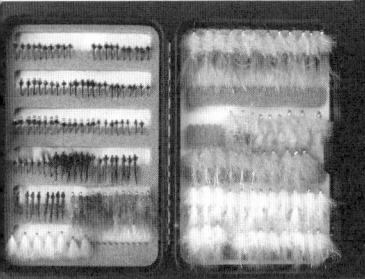

フライはマラブーフライ#12〜14の各色が効果的。ポンドタイプの釣り場は一見水が動いていないが、水中では微かな水の流れがある。マラブーはその微かな流れでも揺れ動いて魚を誘う。派手な色と地味な色の両タイプを使ってみよう

マラブーの付いたフライは着水後にすぐ水中に沈むよう、キャストする前に水につけてよく揉んでおく

インジケーターを付ける

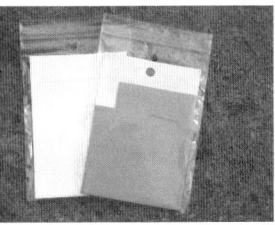

インジケーターにはいくつかの種類があるが、入門者には取りつけの簡単なテープタイプがおすすめだ

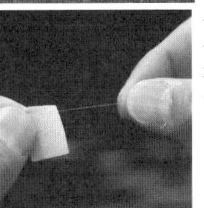

テープ型インジケーターの1マス分を台紙から剥がし、その上端にティペットを乗せる

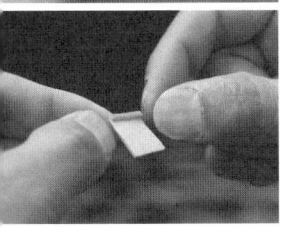

テープの両端を持ったら、ティペットを巻きこむようにして隙間なく丸める

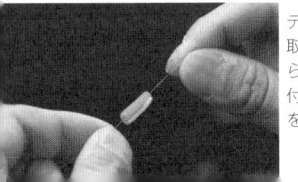

テープが棒状に付けば取り付け完了。一度くらいならティペットに付けたままあとで位置を変えることもできる

ターまでの長さを少しずつ長くしていこう。周囲にインジケーターフィッシングで魚を釣っているフライフィッシャーがいたら、その人がインジケーターからフライ(掛かっている魚)までをどれくらいの長さにしているか観察すると参考になる。

インジケーターフィッシングではフライを動かさないのが基本だが、たまにラインを引いて水中のフライを動かしてアピールするのもよい。インジケーターを動かした直後にアタリが出る

ティペットが切れること)を起こすので注意する。

アタリがなかったら、タナが合っていない可能性があるので、インジケー

場合もある。

ストリームの
インジケーターフィッシング

流れのある場所でもインジケーターを使ってみよう

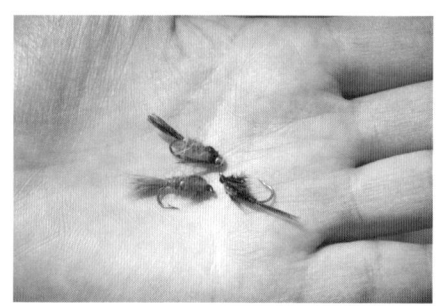

ストリームでインジケーターフィッシングに使うフライは、水生昆虫の幼虫を模したニンフパターンがおすすめ

ストリームではフライとインジケーターの間を長めにするとよい。スプリットショットを使う場合はそのまん中に取り付ける

インジケーターを使う釣りはストリームタイプの釣り場でも有効だ

　インジケーターフィッシングはストリームタイプの釣り場でも有効だ。違いは、ポンドタイプの釣り場では魚の回遊する層にフライを沈めてアタリを待ったが、ストリームタイプの釣り場では、ドライフライと同じように魚の上流側からフライを流し込む必要があること。

　まず、ストリームタイプの釣り場でインジケーターフィッシングをする時は、フライが魚に届く時点で充分に沈むように、ねらう魚のいる場所よりかなり上流にフライを落とす。それでもフライが沈み切らない場合は、ティペットにスプリットショットを付けて沈みを早くする。

　そして、ポンドではインジケーターからフライまでの長さがそのままフライの沈む深さになったが、流れのあるストリームタイプの釣り場では、フライがインジケーターに引きずられるため、水中でティペットが斜めになり、インジケーターからフライまでの長さが沈ませたい深さの1.5〜2倍必要

上流へキャストしたらインジケーターを注視

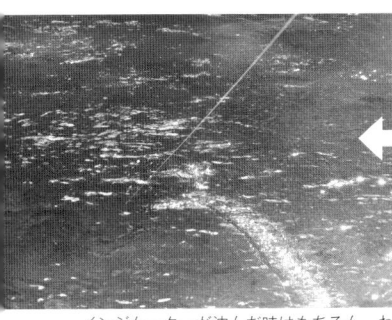

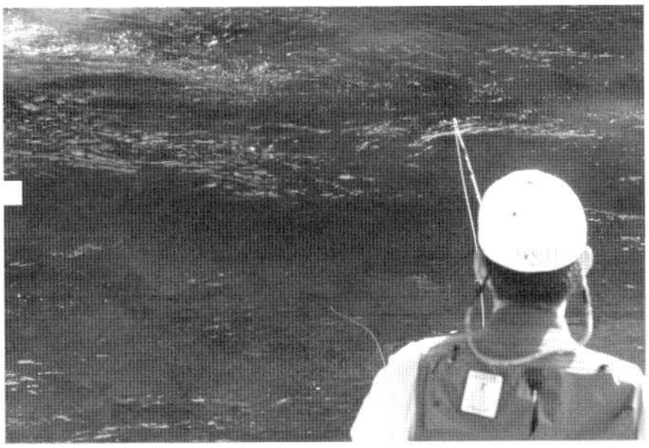

ストリームを釣る時はインジケーターをドライフライだと思って上流側にキャストする。重いフライやスプリットショットが付いていてもトラブルなく投げられるロールキャストを使うのがおすすめだ

インジケーターが沈んだ時はもちろん、わずかに揺れたり、動きが瞬間的に止まったと思った時は、すかさずロッドを立てて合わせてみよう。ほんの小さな反応で魚が掛かっている時がよくある

スプリットショットを付ける

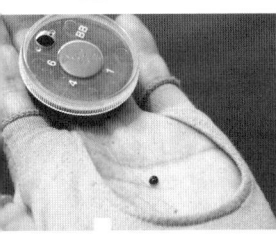

流れが複雑なストリームの釣り場では、必要に応じてスプリットショットをティペットに取り付けてやると、フライがスムーズに沈下して魚のいる層に届きやすくなる

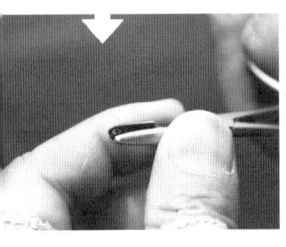

スプリットショットは釣りの最中に取り付け位置からずれないことが大切。割れ目の部分にティペットをまっすぐ当てたら、フォーセップを使ってしっかり締め込む

ームでフライをキャストする。そのうえで、魚がいるポイントの上流2～3mくらいにフライを落とし、インジケーターにドラッグが掛からないように流す。インジケーターをドライフライに見立てて、なるべくナチュラルに流れるようにドリフトさせてみよう。必要に応じてメンディングをするのもよい。その間、マーカーの先にあるフライも水中を自然に流れることになる。

フライを流している間は常にインジケーターに注目し、動きが止まったり、引き込まれたりしたらロッドを立てて合わせよう。流れの中でインジケーターフィッシングをする時は、少しでもそれらしい動きが現われたら合わせてみることが大切だ。川の中は水流が複雑なため、魚が水中でフライをくわえてもその変化がインジケーターにはわずかな動きでしか伝わらない場合が多い。そうしたアタリを逃さないためにも、小さな反応でもとりあえず合わせてみることが大切になる。

リーダーは9フィートの4～5X、ティペットは5～6Xを1～1.5mくらいにしよう。インジケーターとフライの間隔はまず1～1.5mくらいで始める。魚が見える時は、魚の動きを見ているとどのあたりにフライが流れているかが分かる。状況によって長さを変えてみよう。

アプローチはドライフライと同じく、アップストリームかクロスストリームになる。なので、その分ティペットも長くすることが必要だ。

ポンドの
ウエットフライ・フィッシング

フライを水面下で泳がせるリトリーブの釣りで魚をねらってみよう

全体的に魚がうわずっている（水面近くのエサに興味がある）が、ドライフライには出ない時などは、わずかにフライを沈めて水面下を泳がせてくるリトリーブの釣りが効果的だ

ポンドタイプの釣り場では、ソフトハックルなどの小型のウエットフライを引っ張って動かし、その動きによって魚を誘う釣り方も非常に効果的だ。こうしたタイプのフライはドライフライのように乾かす面倒もない。

その釣り方を説明しよう。まず、魚がライズしたり、表層を泳いでいるのが見えたら、ソフトハックルなどの小型のウエットフライを用意し、キャストして魚の前を横切るようにリトリーブしてくる。リトリーブとは、ラインを手でたぐってフライを泳がせる（水中を移動させる）ことをいう。リトリーブはフローティングラインを使い、ある程度の長さのテーパードリーダーとティペットの先にフライを結ぶ。フライが自分の重さで水面よりもわずかに沈むような状態になっていればよい。

ラインは小刻みにして、チョコチョコとフライを動かすようにするとよい。ライズが見えたら魚の前に。

魚がフライに興味を示して追いかけはじめると、そのうち何度かフライをくわえようとしてアタックを始め、手

細かなリトリーブが基本

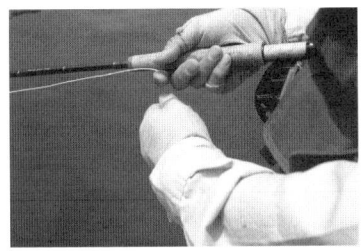

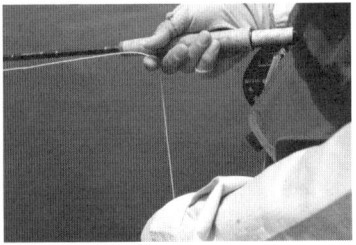

ソフトハックルと呼ばれる、軟らかいハックルをヘッド部分にパラリと巻いたフライが使いやすい

ポンドタイプの釣り場でソフトハックルをリトリーブして使う時は、まず小さめのストローク（フライラインを手で引く幅）でフライを動かしてみよう。ラインは速く引いたほうがよい場合と、ゆっくり引いたほうがよい場合がある。どちらがよいかは、その時の魚の状態や使うフライによって変わる

魚は岸直前でもヒットする可能性がある。リトリーブはフライラインの先端がロッドティップの内側に入るまで気を抜かずに行なおう

キャストしてリトリーブを始め、リーダーがロッドに入るまでラインを引き続けても魚がヒットしなかったら、ふたたびラインをロッドから出し、もう一度キャスト＆リトリーブして探ってみる。キャストしたあと、フライが水中に沈むのを待つ時間を変えたりリトリーブを開始したり、キャストする角度を変えていろいろな深さや場所をねらって魚がよく当たる場所を見つけるようにするのがコツだ。

にコツンとかグンというアタリが伝わってくる。そこであわてて合わせず、そのままのスピードでリトリーブを続けることが大切だ。魚がフライを完全にくわえると、手に持っているラインにしっかりした重さが乗るので、そうしたらラインを手で押さえたまま、ゆっくりロッドを立てる。これがアワセになる。この時、強くロッドをあおりすぎるとティペットが切れるので注意しよう。

ストリームの
ウエットフライ・フィッシング

ウエットフライはストリームタイプの釣り場でも効果的だ。
下流に向かってキャストするダウンクロスのアプローチで釣る

ウエットフライを流れで使う時は斜め下流方向にキャストする。ラインの先端近くを水面に付けておくと、流れの抵抗を受けたラインの影響でフライが引っ張られるので、その動きを利用して魚に水中のフライをアピールする

フライフィッシングはもともと、川でウエットフライを流して魚を釣ることから始まったと言われている。その後、時代の経過とともにドライフライやニンフといった新しいジャンルのフライが登場し、釣り方にもバリエーションが増えてきた。

ウエットフライがほかのフライと大きく異なるのはその流し方だ。ドライフライやニンフは、基本的に川の流れに対してナチュラルにドリフトさせて使うが、ウエットフライはフライラインごと下流方向にキャストし、流れの抵抗を利用して川の中を動かすように使う。実際には、その動かし方の加減で釣れぐあいは変わってくるが、いずれにしてもウエットフライ自体は管理釣り場や渓流などの自然の河川で、今でも効果的なフライだ。ここではストリームタイプの釣り場ですぐに試せる、ウエットフライの基本的な釣りを紹介しよう。

まず、リーダーとティペットは全長を短くし、ティペットは太めを使う。

TECHNIQUES IN A FISHING AREA　104

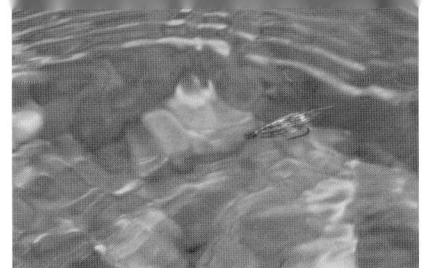

ウエットフライは水面下を一定のスピードで泳がせると、羽化する水生昆虫のような印象を魚に与える

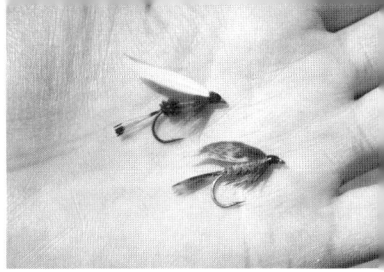

ストリームで使うウエットフライはウイングの付いたトラディショナルなパターンがおすすめ。#10～12くらいを使おう

フライが着水　流れ
①

ロッドを保持していると斜め下流に着水したフライが手前の岸側に泳いでくる
②

流れのある場所を上流からねらってみる

①ストリームのウエットフライ・フィッシングはダウンクロスのアプローチが基本だ。まずは着水したフライが動きやすい、ある程度流れに勢いがある場所を選び、その斜め上流からフライラインの先端部分がちょうど流れに乗るようにキャストする。この時、ラインはまっすぐでもよいが、下流に向かって少したわむくらいの形で置いてもよい

②そのままフライラインの先端部分を水面に付けて保持していると、水流の抵抗を受けたラインが手前側の岸に向かって張ってくる。すると水中のフライもラインに引かれて手前の岸側に泳いでくるが、その動きを虫と感じた魚がフライにアタックしてくる

テーパードリーダーは9フィートの3～4Xのものを使い、ティペットは付けなくてもよいが、付ける場合も50cmくらいの3～5Xにしておく。その先に結ぶフライは、流れの緩いところであればソフトハックルでもよいが、流れの中をねらうのであればウイングの付いたトラディショナルなパターンを試してみよう。

キャストは自分の横をねらうクロスストリームか、斜め下流をねらうダウンのクロスストリームにし、フライラインとともに着水したフライが流れの抵抗を受けて水中を泳ぐようにする。この時、フライはライン部分の抵抗を受けて沈みづらくなるので、必要に応じてスプリットショットをフライの50cmくらい上に取り付ける。

フライが見えないので、初めは勝手が分かりにくいかもしれないが、着水したフライが流れの中をゆっくり横切り、岸に向かって泳いでくるようになると「グン」と途中でラインが引き込まれる。これがストリームのウエットフライ・フィッシングだ。あとはロッドをそのまま保持していると魚の重さがしっかり乗るので、そのタイミングでロッドを立てればよい。

フライが水中を動くスピードによっても魚の反応は変わる。ウエットフライは何度か繰り返し流してみよう。着水直後から勢いよくフライが動いてしまうと魚の反応は悪いことが多く、一定のスピードでじわじわとラインに引かれる状態を演出できるとアタリが増える。フライが流れの緩い部分に入った時には、そのままリトリーブしてみるのも効果的だ

シンキングラインの釣り

管理釣り場で大ものをねらえる、シンキングラインの釣りにチャレンジしよう

上のリールに巻かれている濃い色のラインがシンキングライン。オリーブやグレーなど、深い場所で目立たない地味なカラーのものが多い

シンキングラインで釣る時は、フライを一定の距離以上泳がせてくるほうが釣れるため、キャストも遠投できるほど有利だ

　ポンドタイプの釣り場でリトリーブの釣りをする場合、フローティングラインのほかに、シンキングラインを使うのも効果がある。シンキングラインには、沈む速さによってシンクレート（1秒間に何インチ沈むかを示した数値）が付けられているが、管理釣り場のポンドであれば、まずはタイプ1もしくはタイプ2くらいのシンクレートのものがあれば充分楽しめる。なお、タイプ1のシンキングラインのことはインターミディエイトラインとも呼ぶ。

　シンキングラインはフローティングラインに比べて、ライン自体が水中に沈むので、より深い層で一定のタナを保ってフライを引っ張ることができる。それこそがシンキングラインの最大のメリットであり、小型の魚に比べてより中層・下層にいることが多い大型のトラウトをねらえるチャンスが増える。そのため、フライも表層を探るのに適したソフトハックルなどよりは、ウーリーバガーやゾンカーストリーマーなど、より大型で水中をしっかり泳

TECHNIQUES IN A FISHING AREA　106

シンキングラインのリトリーブは大きく速くがコツ

フライは水中でのアピール度が高いウーリーバガーなどのストリーマーを使おう。大きめのサイズも魚の反応はよい

シンキングラインで釣る時は、キャスト後にラインを少し手繰ってラインやリーダーのたるみを取り、数秒カウントダウンしてからフライを動かすためのリトリーブを開始する。この際、リトリーブはフローティングラインでソフトハックルを引っ張る時に比べ、大きく速くするのがおすすめだ。それにより水中の深い場所で、フライを目立つ動きで泳がせる

てくるには、リーダーやティペットが長すぎるとコントロールがしにくいからだ。テーパードリーダーは9フィートの3～4Xを使い、ティペットは3～5Xを30～50cm付ければ充分。

そのほか、シンキングラインの釣りでもフライはキャスト直後からスムーズに水中に沈むほうがよいため、あらかじめ水の中で揉んで湿らせておく。アワセはポンドのウエットフライ・フィッシングと同じで、魚の重さがしっかり乗るまでリトリーブを続け、乗ったところでロッドを立てる。

フライを使うとよい。

シンキングラインでフライをリトリーブする時は、シンクレートの高いもの（よく沈むもの）ほど大きく速く引いてみよう。そのうえで、速く引くのが有効な時と、ゆっくり引くのが有効な時があるので、いろいろ試してみる。

また、シンキングラインのリトリーブの釣りではリーダーは短くてよい。なぜなら、水中に沈んだラインはフライを後ろから追いかけて来る魚にはほとんど影響がなく、かつラインとフライを同じ深さに沈めて一定の層を引く

がせると効果のあるストリーマー系の

第5章：管理釣り場で魚を釣ろう

釣れないなと思ったら……。
困った時のお役立ち知識集

ポンドでもストリームでも、釣りに慣れている人はいくつかの実践的なコツを押さえている。ここではそんなノウハウやテクニックを紹介しよう

魚に飽きられないためには……
1：フライを変える
2：キャストする方向を変える
3：場所を変える

　広い池のようなポンドの釣り場は、どこから釣りを始めたらよいか迷うものだ。こんな時、まずは水面近くに魚の姿が多く見える場所から始めるのが1つの目安になるが、混雑している時などは空いている場所から始めることもあるだろう。実際のところ、最初の場所選びにはあまり神経質になりすぎる必要はない。
　大切なのは、むしろどんな場所でも1つの釣り方に固執せず、魚の反応がない時、もしくは魚の反応が悪くなってきた時に、目先を変える工夫をしてみることだ。基本的に同じフライを同じ方法で繰り返し見せるほど、魚はフライに対してあまり反応しなくなる性質がある。
　たとえば同じフライを使っていても、投げる方向を変えるだけであっさり魚が食いついてくることがある。また、フライパターンを替えてみることはもちろん効果的だ。ドライフライであれば、パラシュートフライなどの比較的シルエットがはっきりしたフライを使ったあとに、CDCの付いたふわりと浮く軟らかい印象のパターンに替えるのもよい（もちろんその逆も）。インジケーターフィッシングでは同じ色のフライを使い続けないことが釣果を伸ばすコツになる。
　それらの工夫をしながら、時には対岸のポイントに移ってみるなど、釣る場所そのものも変えて常に自分のフライや釣り方に対してフレッシュな魚を捜すようにしてみよう。

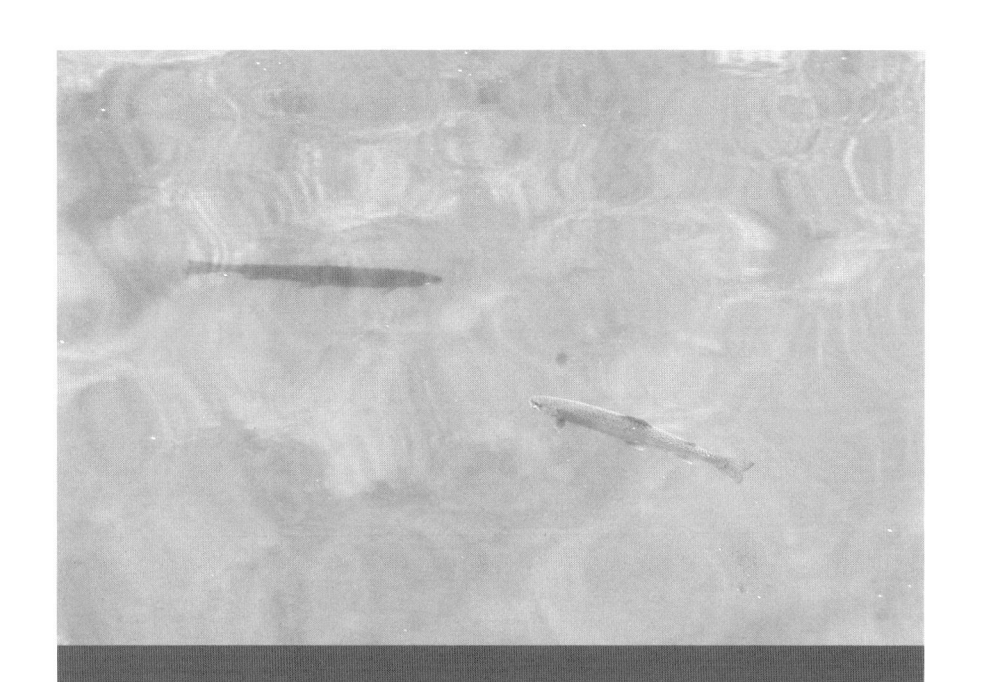

ドライフライでねらう時は……
1：ティペットは長いほうが有利
2：風が吹いた時はチャンス
3：長時間反応が悪ければ沈める釣りに切り替える

　魚の反応を目でとらえられるドライフライ・フィッシングは非常に楽しい釣りだ。ただし、訪れる人が多い管理釣り場で一定の反応を得るためには、やはりいくつかのコツがある。
　まず、ドライフライで釣る時は、なるべくフライに繋がっているティペットやフライラインの存在を魚に意識させないように工夫しよう。魚がフライを食べようとして浮上してきたのに、直前であわてて引き返してしまった時はティペットの存在を警戒された場合が多い。そのため、ドライフライ・フィッシングをする時のテーパードリーダーとティペットの全長は、自分が扱える範囲でなるべく長くするのがおすすめだ。そうすると、プレゼンテーションキャストでフライが着水するのも静かになり、多少スレた魚でも自然とねらいやすくなる。
　また、ポンドの釣り場では風がまったくなく、水面が鏡のような状態になっている時はドライフライで釣りにくい。しかし、そのような静かな状態だった水面にしばらくの間でも風が吹いてさざ波が立つと、その間に急に魚がドライフライに反応するようになることがよくある。そんな時はあえて大きめのドライフライを使い、魚が着水に気づくように少し強めにフライを水面に落とすのもありだ。

インジケーターフィッシングでねらう時は……
1：状況に合ったタナを見つる
2：沈下中のフライが食われていないか注意する
3：遠投にこだわらない

　インジケーターフィッシングでまず大切なのは、表層、中層、低層（ボトム）のどのタナにその時の魚がいるか探るようにすること。たとえばポンドの釣り場の場合、季節やその日の天気によって魚のいる層が変わる。そのため、意識としては大きく3つの層をイメージし、それぞれインジケーターの位置やフライの重さを調整して、順々に探っていくとアタリが出やすい。

　また、トラウトの中でもニジマスは水面から水中に向かって沈下していくエサに非常に興味を示す傾向があり、その途中でフライを追いかけて食っていることがよくある。このような時、インジケーターフィッシングでは、フライからインジケーターの間のティペットがたるんだ状態になっていると、沈下中のフライを魚がくわえてもそのたるみがクッションとなって、インジケーターになかなかアタリが出ない。そのため、キャストの時点でなるべくフライまでのラインをたるみのない状態で着水させ、そのままフライがインジケーターを支点にして水中で若干の弧を描くように沈下すると、魚がフライをくわえた時にインジケーターに反応が伝わりやすくなる。

　あとは遠投にこだわらないこともコツだ。ポンドの釣り場は岸際が急なカケアガリ（斜面）になっていることが多く、魚はこのようなカケアガリにそって泳ぐのを好む性質もある。そのため、遠くの水面よりも、時には岸寄り3mほどの近場のほうがかえってアタリが連発するケースがある。

ラインをリトリーブして釣る時は……
1：魚の活性が高ければ速いリトリーブ
2：シビアな時は動きをなるべく止めないスローリトリーブ

フローティングラインでウエットフライを水面下に引っ張ったり、あるいはシンキングラインでストリーマーを水中で引っ張るリトリーブの釣りでは、基本的に魚の活性が高い時はスピードの速いリトリーブが利き、逆に活性がそれほど高くなかったり、あるいは速く動くフライに対して魚がスレているような場合には、遅いリトリーブのほうが魚の反応がよくなる傾向がある。

ラインをリトリーブする方法はいろいろあるが、ここではフライをなるべく途中で止めず、少しずつじわじわと動かすのに便利なスローリトリーブの方法を紹介しよう。ただラインを引くより慣れないうちは少し難しいが、フローティングラインを使ってソフトハックルを使う釣りなどで試してみると効果的だ。

止めないリトリーブ

①人差し指と親指でラインをつまみ、手の平が見えるように手首を返しながらラインを引く

②そのまま今度は薬指と小指にラインを掛け手の平に収める

③薬指と小指にラインを持ち替えるようにしたら、親指と人差し指でさらにロッド側からのラインを摘まむ

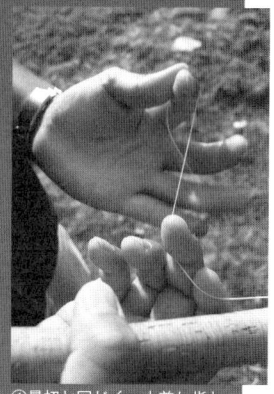

④最初と同じく、人差し指と親指でラインを摘んで手首を返すとほぼ同時に、薬指と小指で押さえていたラインを放す。この動きをスムーズに繰り返すことで、フライの動きを止めずにリトリーブできる。余ったラインは足もとに落としていく

対象魚の性格に合わせた釣りをしてみよう

1：比較的動く魚（ヤマメ、ニジマス）
→インジケーターフィッシングが効果的
2：比較的動かない魚（イワナ、ブラウントラウト）
→リトリーブまたはドライフライの釣りが効果的

　ひとくちにトラウトといっても、魚には魚種ごとの個性がある。まず陽性といってよいのはヤマメとニジマスだ。暗い所よりも明るい場所を好み、エサを捜して比較的広範囲を動き回る。それに対して、あまり動かず、どちらかというと自分が気に入った場所に定着する傾向があるのがイワナやブラウントラウトだ。ヤマメやニジマスが陽性の魚だとすると、こちらは陰性の魚ということができるだろう。これらの魚種を意識して釣り方を選ぶのも面白い。ここに挙げたのはあくまで1つの目安だが、実際に釣り場で魚を観察してみると、なるほどと思える場面もあるはずだ。

水や時間の状況を読んでみよう

1：透明度の高い場所は魚のいる層が幅広い
2：水通しのよいところはよく釣れる
3：太陽の向きで魚の活性は変わる
4：日向がよいか、日陰がよいかは季節や天候で変わる

　ポイント選びにあまりシビアになりすぎる必要はないが、1つの釣り場の中によく釣れる場所とそうでない場所が分かれることは、実際にはよくあることだ。たとえばポンドの釣り場であれば、水を循環させるための水車が回っている場所や、池の水の出入口になっている場所の周辺は水通しがよいので魚が集まりやすい。
　ただ、それらの固定された条件のほかにも、時間帯や季節の条件によって釣れる場所は変化する。たとえば太陽の影響は大きい。日の当たっている場所が魚の好む水温になる時もあれば、その逆もあるし、光線の加減によってティペットの目立ちぐあいなどが変わり、魚のフライに対する警戒心が変わることもある。つまり、釣れる場所は1日の中でも常に変わる可能性がある。

第6章 自然のフィールドを釣る

FISHING IN NATURAL WATERS

フライフィッシングに慣れたら、自然のフィールドに出掛けてみよう。
自然の川や湖は季節や天候によって魚の居場所が異なる。
同じ川でも魚がたくさんいる場所もあれば、
全く魚がいない場所もある。
自分で魚を見つけることは難しいが、
それだけ釣れた時の喜びは大きい。
ぜひ、足を運んで特別な1尾を手にしてもらいたい。

渓流のルールとマナーを知ろう

渓流や湖には一定の規則がある。ルールとマナーを守って楽しく釣りをしよう

遊漁券は地元のコンビニ、個人商店、釣具店などで取り扱っている。外から見えるよう、ライセンスホルダーなどに入れてベストに提げておくとよい

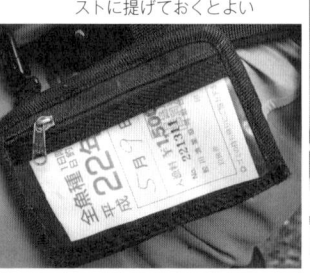

釣りをする時は遊漁券を購入しよう。フライフィッシングの場合はヤマメやイワナなどの渓流魚用の券を購入すること。「渓流釣りの遊漁券（もしくは日釣券）」と指定すればよい

フライフィッシングに限らず、自然のフィールドで釣りをする時にはいくつかのルールを押さえておくことが必要だ。最も大切なのは魚を釣ってよい期間に釣りをすることで、その川や湖を管理する漁業協同組合（漁協）が毎年一定の解禁期間を定めている。そして、漁協の管轄内で釣りをする時には、遊漁券（遊漁証、入漁券とも呼ばれる）を購入する必要がある。ここでは渓流釣りを例に、おもなルールとマナーを説明していこう。

◆遊漁券

漁協が管理する川や湖では遊漁料を支払わなければならない。遊漁料は魚の放流や釣り場の保全に使用される。遊漁券は取り扱いの看板やのぼりが出ている地元のコンビニ、釣具店、個人商店などで購入するが、湖ならボート店で手に入る。釣りに行く前にどこで遊漁券が販売されているかを調べておくと安心だ。キャッチ&リリース区間を実施している漁協の中には、24時間利用できる自動券売機を設置しているところもある。

遊漁券は取り扱いの看板やのぼりが出ている地元のコンビニ、釣具店、個人商店などで購入するが、湖ならボート店で手に入る。釣りに行く前にどこで遊漁券が販売されているかを調べておくと安心だ。キャッチ&リリース区間を実施している漁協の中には、24時間利用できる自動券売機を設置しているところもある。

遊漁券は場所によって異なるが、1日券（日釣券）が1000〜2000円で、シーズン券（年券）が5000円〜1万円くらいのところが多い。年間をとおして同じ川や湖に通うのであれば、年券を購入するほうがお得である。

確認しよう。また、釣り場によっては解禁期間内であっても釣りができない禁漁区が定められてる。

◆解禁期間と禁漁区

渓流を含む川釣りの解禁期間は、おもにその川を直接管理する地元の漁業協同組合によって一定の時期が定められている。ただし、同じ川でも区間によって管轄漁協が違うことがあり、また、魚種によって釣りをしてよい期間が違う場合があるので、釣り場のガイドブックや漁協のホームページなどを

◆渓流釣りのマナー

（1）車の駐車スペース

FISHING IN NATURAL WATERS　114

渓流では釣りながら徐々に上流へ移動する「釣り上がり」が基本だ

車で釣り場に行く場合は、車の停める場所に気をつけよう。ほかの車の通行の邪魔になる場所や、地元の方の作業の邪魔になる場所には停めないようにする。

(2) 釣り人にあったら挨拶をしよう

自然のフィールドではフライフィッシャーに限らずエサ釣りやルアーアングラーなど、いろいろな釣り人と出会うことがある。釣り方が異なっても同じ趣味を愛好する仲間として、会ったら挨拶をしよう。お互いに気持ちがよいし、時には貴重な情報を得ることもできる。

(3) キャッチ＆リリース

魚を釣っても持ち帰らずに逃がすことをキャッチ・アンド・リリース（C&R）という。最近は自然の渓流でもC&R区間が多く設置されるようになった。魚がいて初めて私たちはフライフィッシングを楽しめる。C&R区間でなくてもなるべく魚は再放流するようにしたい。

(4) ゴミは捨てずに持ち帰る

きれいな自然の中で釣りを楽しんでいるのに、ゴミが落ちているとげんなりしてしまう。ゴミは必ず持ち帰ろう。また、愛煙家は携帯灰皿を持ち歩いて吸殻を捨てないようにしよう。いろいろな地方でフライフィッシャーが集まって河川清掃会を開催している。こういった機会を目にしたら一度参加してみるのもよいだろう。そうした活動をとおして、釣り仲間を増やすこともできる。

(5) 釣り上がりが基本

渓流では上流へ向けて徐々に移動しながら釣る、「釣り上がり」が基本である。先にその川に入っている釣り人がいる時は、その人の下流の区間に入るのは構わないが、すぐ上流に入ってはいけない。もし上流に入る時は、大幅に移動して400〜500mは上流に入ろう。自然渓流は管理釣り場と違い、広いエリアで釣る。もし自分が釣りたい場所に先行者がいたら、ポイントはたくさんあるのだからほかの区間を釣ろう。

シーズンごとの釣り方と装備

ヤマメ・イワナの釣りは春から秋がメインシーズン。
産卵期にあたる晩秋から冬は禁漁になる

渓流ではカゲロウなどの水生昆虫が魚たちのおもなエサ。成虫の色はクリーム系や褐色系が多い

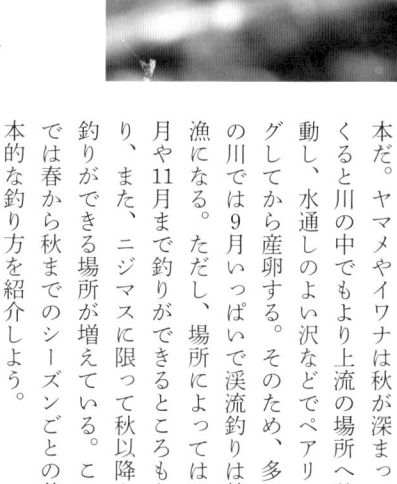

ドライフライの釣りはシーズンを通じて有効だ

渓流釣りのシーズンは春から秋が基本だ。ヤマメやイワナは秋が深まってくると川の中でもより上流の場所へ移動し、水通しのよい沢などでペアリングしてから産卵する。そのため、多くの川では9月いっぱいで渓流釣りは禁漁になる。ただし、場所によっては10月や11月まで釣りができるところもあり、また、ニジマスに限って秋以降も釣りができる場所が増えている。ここでは春から秋までのシーズンごとの基本的な釣り方を紹介しよう。

◆春（3～4月）

場所によって異なるが、おおよその目安として水温が10℃を超えると魚が瀬に入り始める。それまでは、魚は流れの緩い深みやプールにいる。春の釣りは水温を参考に釣り方を変えよう。まだ瀬に魚が入っていないようなら、プールや淵でニンフを使って釣る。日中に水温が上がってくると水生昆虫が出始めて、プールでライズが見られるようになる。ドライフライでライズをねらおう。ただし、この時期には#14のエルクヘア・カディスやパラシュートをねらおう。フライは#12～で大ものがねらえる。プールや淵ではイブニングライズで釣ったほうが釣果が上がる時期であると釣ったほうが釣果が上がる。1つのポイントで足を止めてじっくり釣るより、新しいポイントを次々と叩くようにして釣り上がっていこう。

◆初夏（5～6月）

フライで一番釣れる時期である。魚の活性が高く、積極的にフライを追う。この時期はドライでどんどんポイントを叩くようにして釣り上がっていこう。1つのポイントで足を止めてじっくり釣るより、新しいポイントを次々と叩くようにして釣り上がっていこう。1つのポイントで足を止めてじっくり釣るより、新しいポイントを次々と叩くようにして釣り上がっていこう。

桜が咲く頃になると水温が10℃を超え、魚が瀬の中に入り始める。水生昆虫のハッチも多くなり、ライズがなくてもドライフライで瀬を叩くと魚がフライに反応する。こういった状況になれば、瀬を中心にドライで釣り上がって行こう。フライはメイフライ系のパラシュートやソラックスダンの#16～#18を使うとよい。

川で羽化する水生昆虫はサイズが小さいので、ライズをねらって釣るのであれば#18～22の小さいサイズのフライを使う。

自然の渓流ではウエーダーの着用が欠かせない。身体にフィットし動きやすいものを選ぼう

ートを使う。

8フィート前後の#3または#4ロッドとフローティングラインが適している。そのほかにチェックしたいのは以下の項目だ。

《消耗品》

リーダーやティペット、フロータントなどの消耗品は、釣りをしている途中でなくならないように出発前に確認しておこう。

《フライ》

1日中釣るのであれば、少なくとも10個以上は必要となる。残っても次回に使えるから無駄にはならない。フライをプロショップで購入して用意する時は、いつどこに行くかを伝えて、有効なフライのアドバイスをもらおう。

《ウエーダー》

自然渓流ではほとんどの場所でウエーダーが必要となる。真夏に釣る場合は、ウェーディングシューズだけでもよいが、場所によっては水が冷たいのでウエーダーを履いたほうがよい。透湿防水タイプのものがおすすめだ。

◆真夏（7～8月）

水温が20℃を超えると日中はほとんど釣れなくなる。水温の低い湧水の川や山岳渓流に行こう。山岳渓流のイワナ釣りが楽しい時期だ。「夏ヤマメ、一里一尾」と言われるように、特にヤマメを釣るのが難しくなる。フライは#10～14のテレストリアルフライを使う。

◆秋（9月）

9月で禁漁になる川がほとんどである。場所によって禁漁になる日は違うので注意しよう。この時期は魚は産卵を控え体力をつけるために盛んにエサを取る。しかし、解禁から釣られて魚が少なくなっているので、釣りは難しくなる。移動距離を大きくして広く探るように釣る。フライは#14～18の小型メイフライか、または#8～10のグラスホッパー（バッタ）のような大型ドライフライを使う。

◆準備

自然の渓流で使うタックルは、基本的には管理釣り場のストリームタイプ

釣り場を捜す

自然のフィールドに出かける時は、事前に充分な下調べを行ない、
釣れる可能性が高い場所を選ぶことが大切だ。
まずはフライフィッシング用の釣り場案内を頼りにしよう

渓流には川に降りられる入渓点もしくは入川点と呼ばれる箇所がいくつかある。慣れないうちは人の踏み跡がある小道を捜して水辺まで降りよう

釣り場についたらまず周囲をよく確認しよう。先行者の姿が見える場合は面倒でも大きく場所を変えたほうがよい

明確な駐車スペースがない場合は、車の往来の邪魔にならない限り道路の端に車を寄せるなどする。駐停車禁止の指示がある場合はもちろんそれに従うこと

　どこの川に釣りに行くかは、渓流釣り場の案内本を参考にすることをおすすめする。毎年、解禁前に各種のガイドブックが発売されるのでチェックしてみよう。それらの中でも、つり人社から発売されている『僕たちの渓流フィールド』(全5巻)シリーズは、車の駐車スペースや遊漁券の購入場所もくわしく記載されていてたいへん参考になる。

　もちろん、プロショップでお店のスタッフに相談するのもよい。季節に合わせた釣行会や渓流釣りのレッスンを開催しているところもあるので、それらを利用すると釣り方も含めてスムーズにステップアップできるだろう。

　あとはフライフィッシング好きのオーナーが経営しているペンションを利用するのもおすすめだ。中部地方、東北地方、北海道などには、希望すればオーナーが川をガイドしてくれる宿がいくつかある。

　いずれにしても、行く川が決まったらその川をどの漁協が管理しているかを調べておこう。同じ漁協の管内であれば、川を変えても同じ遊漁券で釣りができる。また、3万分の1程度の地図を用意しておくと、自分が釣っている川の場所などを確認しやすく、現地に行ってからたいへん役に立つ。

FISHING IN NATURAL WATERS　118

『僕たちの渓流フィールド』 つり人社　価格：各1680円（税込）　サイズ：B5判

◎埼玉・東京・山梨・神奈川・静岡県編

◎山形・宮城・福島編

◎長野・愛知・岐阜・福井・富山編

◎栃木・群馬・新潟編

◎青森・秋田・岩手編

東北地方から北陸・中部地方まで、エリアごとに全5巻が発売されているフライフィッシング専門の釣り場ガイド。いずれも、今まであまりそうでなかった、おすすめ河川ごとのシーズンの推移、フライ、駐車場所や入渓点などの具体的なアドバイスが豊富に載っている。さらに、最寄りの立ち寄り湯、宿、美味しいお店なども紹介してあるので、日帰り釣行はもちろん、釣り旅にもぴったりの1冊だ

【特徴①：地元フライフィッシャーによる河川の詳しい解説】
経験豊富な地元フライフィッシャーが、自分の気に入りのフィールドについて、川の特徴、春～秋までの季節ごとの変化、それぞれの季節に応じたフライパターンや釣り方、おすすめの区間などを詳しく紹介

【特徴③：アクセス、遊漁期間、温泉・宿、などの耳より情報】
釣り場までの行き方、詳しい遊漁期間と問合先漁協、おすすめの日帰り温泉や宿泊施設、お昼や夕食におすすめの食事処など、釣りと旅に役立つ連絡先や問合先が欄外に見やすくまとめられている

【特徴②：川やポイント、渓流魚、フライパターンの写真】
紹介者が自ら撮影した釣り場の写真や、これなら釣れるというおすすめのフライパターンの写真が豊富

【特徴④：イラストによる釣り場マップ】
この本の最大の特徴が、入渓点や釣り上がりの所要時間の目安を書き込んだイラストによる詳しい釣り場マップ。現地の釣り人に案内してもらうように必要な情報が得られる

渓流のポイントを覚えよう

川の中には魚がよく釣れる典型的なポイントがいくつかある。
それらの場所を捜してフライを流してみよう。
まずはフライの位置や流れ方がよく分かるドライフライでねらうのがおすすめだ

「瀬」

水面が波立ち石が多く入っている瀬は複数の筋をねらう

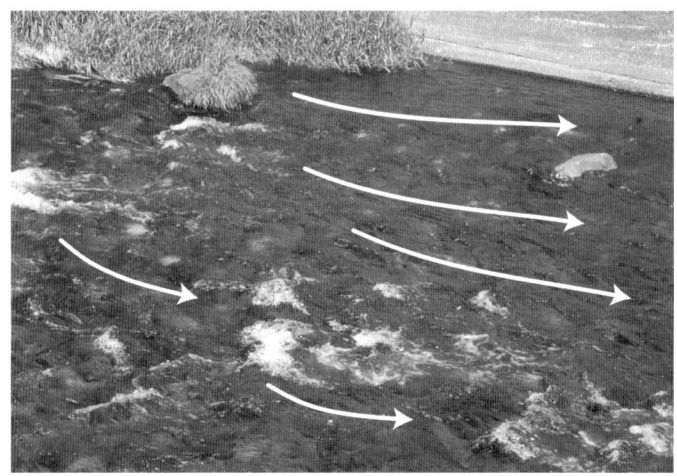

→ ……… フライを流す場所

　川の中で水深の変化が少なく、同じくらいの大きさの石が連続して入って波立っている区間のことを「瀬」と呼ぶ。瀬はその深さや水の勢いによって「浅瀬」「平瀬」「深瀬」「チャラ瀬（砂利のような小石が多い瀬）」などいくつかのバリエーションがある。底石が多く入っている瀬は基本的に酸素量が多く、生息する水生昆虫の数も多いので魚が好むポイントだ。

　このような場所を釣る時は、魚の付いている筋をよく見極めてフライを流すことが大切になる。具体的には、表面に白波が立っているような強い流れは外し、その左右にできている、比較的穏やかな水面の部分をねらってみよう。こうした場所にドライフライを浮かべると、周囲の流れよりやや遅いスピードでフライがドリフトしていくような状態になる。このようなフライには魚が出やすい。

　慣れてきたら白泡の付近はもちろん、魚が身を寄せることができそうな底石のある場所を捜しながらフライを近くに落としてみよう。瀬の中にいる渓流魚は石に身を寄せながらエサを待っている場合が多い。

　なお、フライフィッシングではドライフライで瀬をテンポよく釣っていくことを「瀬を叩く」という。盛期の渓流では瀬の中の1つの流れにこだわらず、広い範囲に次々とフライを流していくほうが効率的だ。

「肩（カタ）」 流れ出す水が石によって盛り上がっている肩は慎重にねらう

→ ……… フライを流す場所

　肩は上流から流れてきた水が大小の石にぶつかって、下流のポイントに落ちる前に盛り上がったようになっているポイントだ。このような場所では流れてきた水にブレーキが掛かるため、魚はエサを余裕を持って食べることができる。特に肩になる石の下がえぐれていると魚が身を隠しやすく、エサを取るのと外敵から身を隠すとの両面で都合がよいため好んで付く。

　ただ、肩にフライをうまく流すには工夫が必要だ。下流側からまっすぐキャストしただけでは、手前のラインがすぐに流されてしまうフライにドラッグが掛かる。かといって、サイドからアプローチしようとあまり上流側に回り込んでしまうと、その時点で魚に発見されキャストをする前に逃げられてしまう。コツは斜め下流からティペット部分を曲げるようにしてフライをキャストし、ラインはできれば岸の上や肩を作っている大きな石の上に乗せること。多少の経験が必要だが、うまくフライを流せる方法を探ってみよう。

121　第6章：自然のフィールドを釣る

「落ち込み」

白泡を立てている落ち込みではフライをしつこく見せる

⟶ ……… フライを流す場所

　岩などによる段差で淵ができ、その部分に勢いよく水が落ちてきているところを落ち込みと呼ぶ。勢いよく白泡が立った流れの下は深くなっており、魚にとっては上流からの流化物を待ち構えたり、水温が上がって水中の酸素量が減る時期に身を隠したりするのに絶好の場所だ。

　落ち込みは季節によってねらい方を変えるとよい。春であればニンフなどの沈むタイプのフライを白泡の切れ目の少し上流から流し込んでみよう。スプリットショットなどのオモリを付けて深く沈めてみるのもよい。夏であれば、同じようにニンフでねらうのも効果があるが、落ち込み付近から白泡の真上や周辺のわずかに泡が切れているあたりに、大きく目立つドライフライを流してみる。この場合は、深い場所にいる魚がその存在に気づくように、ナチュラルに流すだけでなく、上流側からわざとラインにテンションをかけてフライを水面で滑らせると効果がある。

「淵、プール」

水深がありフラットな大場所は手前から慎重にねらう

──▶ ……フライを流す場所

　広い範囲の流れが深くなっている場所のことを淵と呼ぶ。淵の始まりが淵頭、淵の終わりが淵尻だ。淵の水面が鏡のように穏やかになった場所はプールとも呼ばれる。

　淵もしくはプールは渓流魚がたまりやすいポイントだ。このような場所を釣る時は、なるべく淵尻からていねいにフライを流していこう。淵尻を無視して不用意に上流へ歩くと、手前の魚を散らしてポイント全体を駄目にしてしまう。また、プールはやみくもに釣るよりも、まず目で魚を見つけられないか捜してみるとよい。

　淵やプールは一見するとフライをどこに流したらよいか分かりにくいが、基本的には上流の流れ込みから続く流れの筋を捜すようにする。そうした場所には小さな白泡が流れているので、フライもそのレーンに沿って流してみよう。あとは魚が身を寄せやすい、岩盤際などの岸ぎりぎりの場所もねらってみる。

123　第6章：自然のフィールドを釣る

「淵の流れ込み」

大きな淵の流れ込みは流れがぶつかる場所に注目

………▶ フライを流す場所

　淵やプールといった大場所は下流側から順々にフライを流していくが、それらの場所をねらい終わったあとは流れ込み付近をじっくり探ってみよう。

　中でも岩盤に流れがぶつかり、そのまま岩盤沿いに流れるレーンには大ものが付いている可能性がある。流れをよく観察すればその筋は分かるはずだが、最も簡単な手掛かりは水面を流れる小さな白い泡だ。フライはその泡と一緒に流せばよい。

　岩盤沿いにフライを流す時は、窪んでいるところや割れ目のようになっている部分の前後に特に注目しよう。魚はそうした変化があると安心して身を寄せる傾向があるので、釣れる確率が高まる。また、このような大場所では岩盤沿いだけにこだわらず、そのほかの水中に沈んでいる大岩の周辺も魚の付き場になっている可能性があるのでねらってみるとよい。フワリと落としたフライに、淵の底のほうからスーッとイワナが浮かび上がってきてフライをくわえることがよくある。

「反転流」

流れが渦巻いている反転流はその場所を見つけることがカギ

→········フライを流す場所

「巻き返し」とも呼ばれる反転流はイワナ釣りの一級ポイントだ。上流からの流れ込みの左右にできやすく、その部分は川の下流側から上流側に向かって渦巻くような流れができている。流心からはみ出した流化物が漂いやすい。

反転流の水面には必ずといってよいほど泡が浮かんでいる。この泡から流れの速さや方向を知り、フライを乗せてうまく漂わせることが魚から反応を得るコツになる。フライは渦を巻いている流れの中心に置いて動かない状態にしておくよりは、流れに乗って一定の距離をドリフトさせたほうが反応がよい。そこで、反転流の中でも外周部にあたる部分に注目し、大きな反転流であれば流す距離を区切って少しずつフライをドリフトさせていく。最も魚が出る確率が高いのは、反転した流れが再び流心に合流する付近だ。

このような場所をねらう時には流心をまたいで釣ることも多く、メンディングを積極的に行なったり、アプローチを工夫してみることが必要になる。

湖のフライフィッシング

渓流のフィールドほど数は多くないが、
日本にはフライフィッシングが楽しめる魅力的な湖がいくつかある

ロッドはボートの釣りであれば#6、ウエーディングの釣りであれば#8くらいが使いやすい

開けたシチュエーションで存分にロッドを振れる湖は独特の開放感がある。大型魚もねらえるのでヒットしたあとのやり取りも楽しい

フライフィッシングで魚がねらえる湖は日本にいくつかあるが、渓流との違いでまず押さえておきたいのはその解禁期間だ。湖は魚がねらえる期間が場所によってかなり違う。また、それにともなって実際に魚がよく釣れる時期にもかなりのばらつきがある。たとえば、神奈川県の芦ノ湖でニジマスやブラウントラウトなどのマスがよく釣れる時期は4月上旬から5月中旬までだが、中禅寺湖では5月上旬から6月中旬までである。つまり、サクラ前線のように、北に行くほど、また、高度が高くなるほど釣れる時期が遅くなっていく。

また、新潟県の銀山湖のようにボートからの釣りがメインになる湖もあれば、山梨県の本栖湖のようにボートからの釣りはほとんどできない湖もある。そのため、いつどこの湖に行って、どんな釣り方をしたらよいかを事前に調べておく必要がある。なお、最近は阿寒湖や屈斜路湖といった北海道の湖も人気が高まっている。阿寒湖は日本のネイティブフィッシュであるアメマスの大型が釣れる湖として、屈斜路湖は美しいニジマスがねらえる湖として、地元はもちろん、本州など道外のフライフィッシャーにも有名だ。

◆タックル

湖は風が強い。特にウエーディングして岸から釣る場合は風に負けないように管理釣り場より大きい番手のロッドを使おう。また、最近ではダブルハンド・ロッドを使って岸から釣る人も増えている。シングルハンド・ロッドなら9フィートの#6〜8、ツーハンド・ロッドなら12〜14フィートの#7〜9あたりがおすすめだ。

ラインは状況によってフローティングからシンキングのタイプ6までを使い分ける。岸から釣る場合のシンキングラインは、通常タイプ1（インターミディエイト）とタイプ2を使う。また、少ないキャストで遠投できるシューティングヘッドが有利である。

季節ごとの釣り方

早春（3〜4月）

水温がまだ低く、ベイトとなるワカサギも深い層にいるため、ニジマスの群れも浅いところに出て来ない。ボートから急深のカケアガリなどをフライを深めに沈めてねらう。放流の多い湖では、放流魚が湾内などの放流ポイントから動かずに固まっていることが多く、ボートでそのポイントをねらうと釣りやすい。ウエーディングして釣る場合は、日当たりがよく水温が上がりやすいポイントをねらう。

【ラインとフライ】

ストリーマーを使ったシンキングラインの釣りが中心となる。暖かく風が穏やかな日にはユスリカがハッチしライズが見られる。ライズがあればフローティングラインでユスリカのドライフライ（フローティングピューパ #16 など）を使うか、インターミディエイト・ラインで黒いボディーのソフトハックル #16 をリトリーブしてねらう。

春〜初夏（4〜6月）

湖で一番釣れる時期である。水生昆虫のハッチが浅場で起こり、ワカサギも産卵のため浅瀬に寄ってくる。魚はエサを求めて広く回遊を始める。水温が 10〜15℃になるとニジマスの活性が最も上がる。

日中は水面が穏やかな場所より、風が当たって波立っているような場所のほうが魚が浅場まで入ってくる。魚は群れで回遊しているので、アタリがなくても粘って回遊してくるのを待つ。周りの釣り人が釣れ始めると魚が回って来ているのでチャンスである。

【ラインとフライ】

インターミディエイト・ラインでストリーマーを引いて釣る。ライズのある場所（朝夕に多く見られる）では、フローティングラインでメイフライのドライフライ #12〜14、またはインターミディエイト・ラインでニンフやウエット #10〜12 を使ってライズをねらう。

ワカサギを追いかけているようなら、フローティングラインで浮かぶタイプのワカサギパターン #6〜8 を使う。またはシンキングラインのタイプ2でワカサギストリーマー #6〜10 をリトリーブして釣る。

盛夏（7〜8月）

春に釣れていた湖は表層水温が高くなり、魚は深みに潜って釣りづらくなる。逆に、春はまだ水温が低く釣れなかった山上湖が釣れるようになる。盛夏に湖の釣りをするなら山上湖に行こう。

【ラインとフライ】

流れ込み付近は水温が低く、特に朝夕に魚が集まりやすい。シンキングラインを使ってストリーマーを引く。日中はビートルやトンボなどの陸生昆虫が活動を始め、風が吹くと飛ばされて湖面に落ちる。ライズがあれば、こういった陸生昆虫を補食している。フローティングラインでドライフライを使いライズをねらう。フライは #8〜12 の大きめのテレストリアル（陸生昆虫）フライがよい。

秋（9〜11月）

夏に上がった水温が下がり始め、魚の活性も上がり始める。水生昆虫のハッチもあり、カメムシやテントウムシの落下もある。秋に産卵を迎えるイワナ・アメマスなどは、流入する川の流れ込みに集まる。

【ラインとフライ】

流れ込み付近に集まってきた魚をねらうときは、シンキングラインでウエットやストリーマーを引く。日中にライズがあって、ユスリカなどの水生昆虫がハッチしていれば、インターミディエイト・ラインでソフトハックル #16 をリトリーブしてライズをねらう。水生昆虫のハッチがなければ、フローティングラインでテレストリアルフライ #8〜14 を使う。

ボートから釣る場合は、魚を捜しながらポイントを見つけて釣ろう。ウエーディングして釣る場合は、移動しながら釣ることが難しいため、ポイントを決めたら魚が回遊してくるのを待て、ある程度の時間は同じ場所で釣る。

ボートからの釣りはポイントを自由に移動できる。万一の落水に備えて必ずライフジャケットを着用しよう

◆ウエアとウエーダー

トラウトのいる湖は高度の高いところにある湖が多く水温が低い。東京に住む著者が5月のゴールデンウイークにフライフィッシングを始めた頃、芦ノ湖に行って、寒くて釣りにならなかったことがある。思っている以上に暖かいウエアを着て出掛けよう。また、湖でウエーディングする場合はネオプレーンのウエーダーをおすすめする。

海のシーバス&メバルフィッシング

近年、ソルトウオーター(海)のフライフィッシングの人気が高まりつつある。
特に東京湾や大阪湾はシーバスと呼ばれるスズキの魚影が多く、
フライでも手軽に釣れるようになってきた。
そして、メバルは低番手のロッドで釣れる格好のターゲットだ。

◆岸からねらうシーバス

岸からシーバスがねらえるのは3〜5月のバチ抜けのシーズンである。バチ抜けとは、ゴカイ(バチ)が産卵のため川底の泥地から這い出て川面を浮遊する状態をいう。バチ抜けは夕方から夜中にかけて河口近くでよく見られ、シーバスはこのバチを好んで補食する。岸際でもライズがあり、遠投しなくても充分ねらえる。バチを模したフライをライズの起こったところにキャストして、水面を引き波が出るようにリトリーブしよう。

【タックル】
ロッド：9〜11フィートの#6〜8
ライン：フローティング
リーダーとティペット：9フィート0Xのリーダーに0Xを50cm〜1m足す
フライ：フローティングのバチパターン

◆ボートからねらうシーバス

東京湾などにはシーバスフィッシング専門のガイドボートがあり、最近ではフライのシーバスフィッシングに熟練したキャプテンがいるから心強い。ボートからだと一年中シーバスがねらえる。料金は、ボートによって異なるが、4〜5時間のチャーター(定員2〜3名)で3万円くらいである。季節や出船する時間によって使うタックルとフライは変わってくる。ボートを予約する時にキャプテンに聞いておこう。

【タックル】
ロッド：9〜10フィート #7〜9
ライン：フローティングまたはインターミディエイト。沈めてねらう時はシンキングラインの各タイプも使える。シンキングラインではシューティングヘッドを使うことも多い
リーダーとティペット：岸からと同じ
フライ：フローティングラインで釣る時はイワイミノーなど浮かべて使うパターンが有効である。シンキングラインを使う時は#2〜8フックに巻いた大きめのストリーマーを使う。エンリコミノー、デシーバーなどが有効だ。

◆メバルフィッシング

メバルはライトタックルで釣れる格好のターゲットだ。12〜4月頃がフライでメバルがよく釣れるシーズンである。日中はゴロタ場やテトラ際などをねらい、夕方からは港の中の灯り周りをねらう。灯りの下に集まったプランクトンを食べにエビ(オキアミ)などが集まり、それをメバルが補食しにくる。

【タックル】
ロッド：9フィート#5〜6
ライン：フローティング
リーダー&ティペット：9フィート3Xのリーダーにティペット4Xを1m
フライ：シュリンプ(エビ)パターン

シーバスフィッシングはガイドボートを利用するのがおすすめ。さまざまなストラクチャーの回りを自由にねらうことができる

フライによく反応するシーバスの釣りは一度体験すると病みつきに。ぜひチャレンジしてみよう

第7章

KNOWLEDGE OF FLY TACKLES

フライタックルを詳しく知ろう

ここではロッド、リール、フライラインなどのタックルについて、
選び方やメンテナンスの方法をより詳しく紹介。
使える道具を少しずつ増やして、
フライフィッシングを長く楽しもう

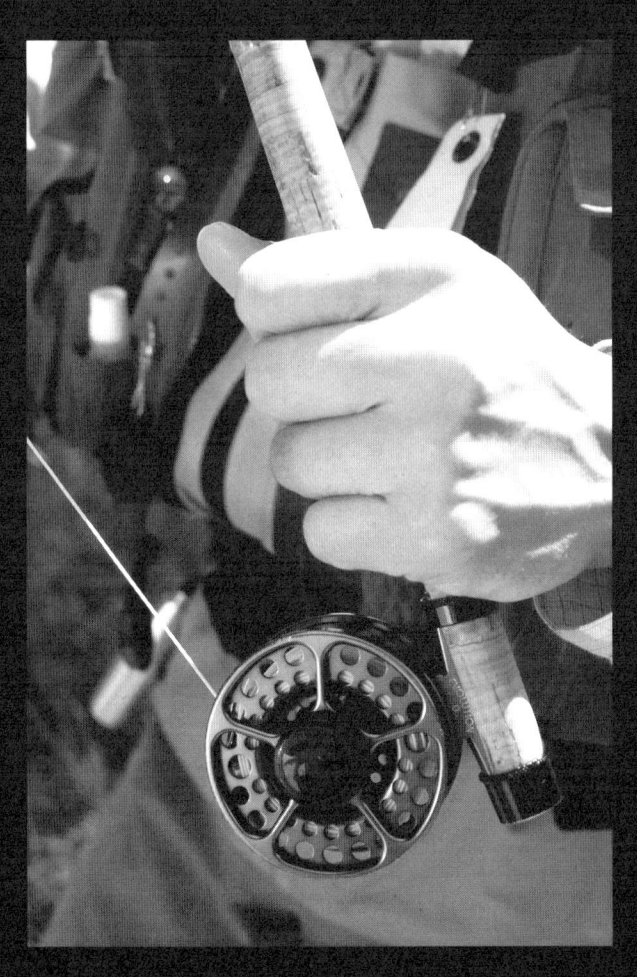

フライロッド　Fly Rods

フライロッドの価格はおよそ1～10万円。
現在、最も普通に手に入るロッドはほとんどがカーボングラファイト製のロッドだ。
そのほかにグラスファイバー製のものや竹製のものがある

ロッドの長さと番手はグリップの上部に記載されている。このロッドは7フィート11インチの#1

◆素材

フライロッドの素材には古くは木が使われた。19世紀になるとバンブー（竹）が使われるようになり、1950年代にはグラスファイバーを使ったロッドが出現。そして1970年代にカーボン素材（グラファイト）が使われるようになった。現在でもバンブーロッドとグラスロッドの愛好家は多いが、軽くて反発力の強いカーボンロッドが現代のフライロッドの主流だ。

◆長さ

フライロッドの長さはフィートとインチで表わされる。1フィートは約30cm、1インチは約2.5cmで、12インチで1フィートだ。フライロッドは7フィート以下のショートロッドから15フィートを超えるロングロッドまであり、おおよそ10フィートまでが片手で投げるシングルハンド・ロッド、それ以上が両手で投げるツーハンド・ロッドである。最近は両手でも片手でも投げられる11フィート前後のロッドも作られ、それらはスイッチロッドと呼ばれている。

これから始める入門者の方には、まずシングルハンド・ロッドをおすすめする。長さは、渓流のような狭い場所で使う場合は短めの7フィート6インチ～8フィート、湖のような開けた場所では長めの8フィート6インチ～9フィートくらいのロッドを選ぼう。

◆番手

フライロッドには「番手」の指定があり、その数字はロッド本体に表記されている。これはゴルフクラブを3番アイアン、4番アイアンと呼ぶのと似ていて、フライロッドの場合も3番ロッド、4番ロッドと呼ぶ。

では、フライロッドの3番、4番という数字は何を基準にしているのだろうか？　この数字はフライラインの重さのことで、3番ロッドとは3番の重さのラインに適したロッド、4番ロッドとは4番の重さのラインに適したロッドということを意味している。

市販されているロッドは0番（中には000番という0番より軽い特殊な

4ピースロッド（右）は携帯に便利。バンブーロッド（左）には2ピースのものが多い

ツーハンド・ロッド（ダブルハンド・ロッド）は本流や湖などで使う。スペイキャスティング用のロッドとシューティングヘッド用のロッドの大きく2タイプがあるので、チャレンジしたいと思ったらまず購入店に相談してみよう

ロッドもある）から16番までであり、番手が小さいロッドほど軟らかく軽いラインを扱い、番手が大きいロッドほど硬く重いラインを扱う。国内の川では、渓流なら3〜4番のロッド、少し広めの川なら4〜6番のロッド、湖なら6〜8番のロッドというのがだいたいの目安だ。また、海の釣りでは8番以上のロッドを使うのが一般的である。

なお、ロッドには#3/4などの複数の番手を表示しているものがある。これは3番ライン でも4番ラインでも使えるという意味で、実際にはこのように書かれていないロッドであってもある程度の許容範囲があり、どんなロッドでも指定番手の前後1番くらいのラインはキャストできる。そのうえで、もしロッドに#3/4と表示されていたら、入門者の方は大きい数字のほうに合わせて#4のフライラインを選ぶとよい。なぜならそのロッドでより近距離にキャストしやすいのは#4ラインのほうだからだ。

◆アクション

ロッドには番手のほかにもアクションと呼ばれるサオの調子がある。先調子のアクションをファーストアクション、胴調子をスローアクション、その中間をミディアムアクションという。

一般的に6番以上のロッドにはファーストアクションが多く、4番以下のロッドにはスローアクションやミディアムアクションが多い。アクションはよい悪いはなく、使う人の好みで選んでよい部分が大きいが、ビギナーであればまずはミディアムアクションのロッドが投げやすいだろう。

◆継ぎ数

フライロッドは継ぎ数をピース（piece）で表わす。最近はフェルール（継ぎ部分）の改良により、複数のピースのものでもしなやかなアクションを持つロッドが増えた。現在では海外製、日本製とも携行性のよい4ピースロッドが主流になりつつある。

131 第7章：フライタックルを詳しく知ろう

ロッドまわりの用語集

フライロッド各部のパーツにはいくつかのバリエーションがある。
たとえばグリップの形には「シガー」「フルウェルズ」「ハーフウェルズ」などがあるが、
これらはほんの一例だ。知らなくても釣りにはまったく支障がないが、
覚えておくとメーカーのカタログも面白く読める

01 グリップ Cork Grip

フルウェルズ
ロッドをしっかり握りたい場合に最適。重い番手のロッドに多用されるが、しっかり形がついているぶん、握る位置の自由度はない

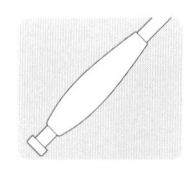

シガー
葉巻型のグリップで、バリエーションも多数ある。繊細なロッド用として優れており、人差し指を伸ばして握っても快適

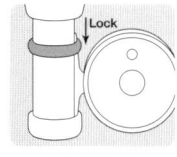

02 リールシート Reel Seat

ダウンロック
スクリュー式のフード、もしくはスライドバンドを押し下げてリールを固定するもの。ロッドが長く使えるのが特徴

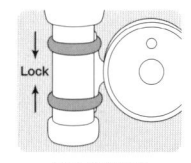

スライドバンド
2本のバンドを自由に動かしてリールを固定するタイプ。固定力は高くないが、軽量性が魅力。渓流用に

03 ガイド Guide 〈ストリッピングガイド〉

ハードロイ
酸化アルミナを素材にしたリング。欠けにも摩耗に強いが、SiCと比べると滑りや熱放散性は悪い

カーボロイ
昔からある金属ガイド。性能的には現代素材に劣るが、雰囲気があるのでバンブーやグラスロッドに多用される

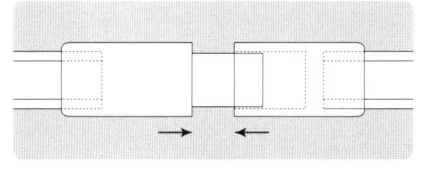

04 フェルール Ferrule

メタルフェルール
ニッケルなどの金属素材でできるフェルール。グラスやグラファイトロッド用に使われたこともあるが、現代ではバンブーロッド専用。重さを克服するようなロッド設計が必要

KNOWLEDGE OF FLY TACKLES

バット / ティップ

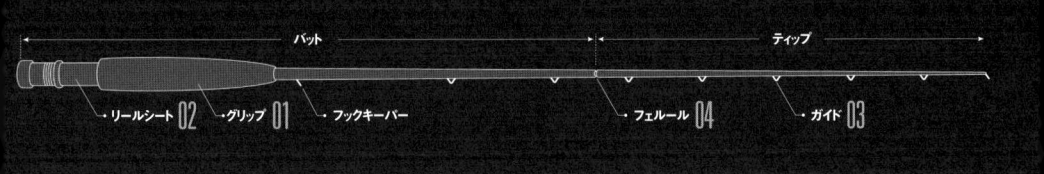

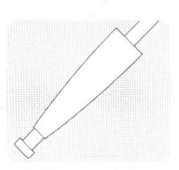

リールシート 02 ／ グリップ 01 ／ フックキーパー ／ フェルール 04 ／ ガイド 03

リッツ
太い先端部からほぼストレートなテーパーで絞り込まれるタイプ。シャルル・リッツ設計のロッドに付けられていたのでこの名がある。
※グリップはこのほかさまざまなバリエーションがある

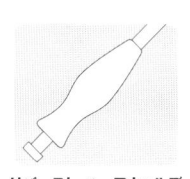

リバースト・ハーフウェルズ
ハーフウェルズを逆向きにつけたもので、シガーとフルウェルズの中間的な位置づけ。#4～6くらいの中番手に多用される

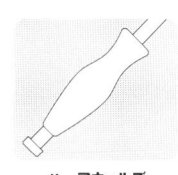

ハーフウェルズ
フルウェルズの根もとを絞り込み、小指近くを押さえやすくしたもの。最近のロッドにはあまり見かけなくなったが、快適なもの

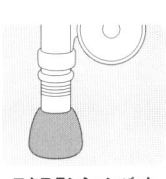

エクステンションバット
大型の魚を釣るには、アップロックのシートにエクステンションバットという小さな当て具を組み合わせたロッド

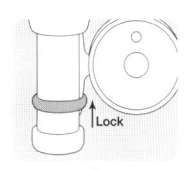

アップロック
スクリュー式のフード、もしくはスライドバンドを押し上げてリールを固定する。グリップは比較的上を握ることになるがバランスは良好

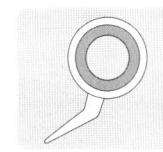

シングルフット・SiCガイド
滑りを強調し、ある程度の軽量さを追求した場合にこれになるが、ほとんどの場合カスタム用

シングルフット・ワイヤガイド
片足のガイドは、巻き留めるスレッドが片側だけでよいので、そのぶん軽量化できるが、強度は少し劣る

スネークガイド
もっとも一般的なラインガイド。極端な使用条件（砂まみれ、塩水、巨大魚など）以外は、フライロッド用として必要かつ充分

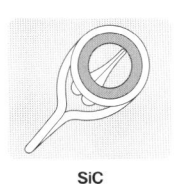

SiC
炭化ケイ素を素材にした現代的リング。すばらしい滑りと熱放散性を持つが、若干のもろさは否めない

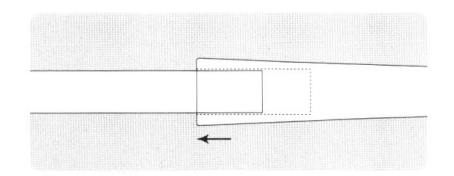

スリップオーバー・フェルール
ロッドのティップ末端が大きく膨れ、そこにバット先端を差し込むタイプ。グラス／グラファイト用として強度に優れた方法。最後まで詰める必要はない

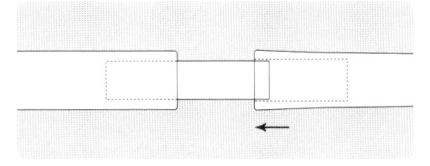

スピゴットフェルール
別素材の継ぎ手をロッドの中に入れて接着したタイプ。ロッドがスリムに仕上げられる利点がある。グラス／グラファイト用。最後まで詰める必要はない

第7章：フライタックルを詳しく知ろう

フライリール Fly Reels

フライリールはクラシカルなものから最新鋭のものまで多種多様。
価格も3000円くらいの安価なものから、100万円を超える高価なものまである。
それだけ趣向性の強いタックルだ

最近のリールには軸部分をあらかじめ太く設計したミッドアーバーやラージアーバーと呼ばれるタイプのものが増えている

フライリールにはシンプルかつクラシカルなデザインのものも多い。軸が細いタイプのものは、充分な量のバッキングラインを巻いてから使う

◆素材

フライリールはアルミ製のものがほとんど。そのほかにプラスチック製やカーボン製のものがある。中には木製や真鍮製、チタン製のものもあるが一般的ではない。

アルミ製のものには、マシンカットと呼ばれるアルミの固まりから機械で削りだして作ったものと、ダイキャストと呼ばれる鋳型にアルミを流し込んで作ったものがある。マシンカットは軽量で耐久性があり塗装もきれいに仕上がるが高価。ダイキャストは大量生産ができ安価ではあるが、落としたりして衝撃を与えると希に割れてしまうことがある。また、マシンカットに比べて重くなる。プラスチック製やカーボン製のものは価格が安く軽量なのが魅力だが、衝撃に弱いのが難点だ。最近ではボディがアルミ製でスプールがプラスチックやカーボン製のものもある。

◆サイズ

フライリールは、サイズの違うものがいくつか作られている。たとえばフライライン3〜4番用、5〜6番用、7〜8番用のように、巻きたいラインの番手によって異なる大きさのリールが用意されている。

どのラインをどれだけ巻くことができるかというリールの収納力をラインキャパシティーと言う。ラインは番手が大きくなるほど太くなるので、もし小さすぎるリールを選ぶとラインキャパシティーが少ないため巻きたいラインが入りきらない。逆に大きすぎるとラインが不必要に重くなったりするので、やはりちょうどよいサイズのリールを選ぶ必要が出てくる。

フライリールの説明に「WF5F＋100yds」と記載されていれば、それは「ウエイトフォワード#5のフローティングライン（WF5F）」+「100ヤードのバッキングライン」が収納できるサイズという意味である。

◆形状

最近のフライリールは、ラージアーバー（大口径）と呼ばれるスプールを

KNOWLEDGE OF FLY TACKLES 134

大型の魚を相手にする高番手リールにはラインの
放出を制御するブレーキシステムが付いている。
これはコルクのパッドを利用したタイプ

備えたものが主流となっている。ラージアーバーのリールは巻いたラインに巻き癖が付きづらく、またラインの巻き取りスピードも速い。ラージアーバーほどではないが口径を大きくしているものはミッドアーバーと言う。

なお、ラージアーバーは見た目ほどはラインキャパシティーが多くない。リールを選ぶ時は、ショップの店員に使用するフライラインとの兼ね合いを相談しながら選ぶのが無難である。

◆ドラグシステム

フライリールには正転（ラインを巻き取る時の回転方向）と逆転（ラインが出ていく時の回転方向）があり、逆転には一定のブレーキが利くようになっている。このブレーキシステムをドラグシステムと言う。

もしドラグシステムがなければ、フライラインをリールから引き出した際に惰性でスプールが回ってしまい、ラインが膨れ上がるバックラッシュというトラブルが発生してしまう。また、ドラグシステムは大型の魚が掛かった時にリールから出されるラインをコントロールするブレーキになる。

ドラグシステムには2つのタイプがある。1つはクリックタイプ（ラチェットタイプとも言う）で、小さいバネと金属の爪でブレーキをかけるものだ。このタイプは構造が簡単なためリールは軽量になり、かつ価格も安い。ただし強くブレーキは掛けられないので、おもに渓流魚などをねらう低番手のリールに採用される。

もう1つはディスクタイプで、コルクのディスク板を挟んだり押さえつけたりすることによってブレーキをかける。このタイプはブレーキのテンションが幅広く調整でき、強くブレーキを利かせることもできるため、魚が大きい湖や海で使われることが多い。ただし、リールの自重は重くなり、価格もクリックタイプと比べると若干高くなる場合が多い。

135　第7章：フライタックルを詳しく知ろう

リールにラインを巻く

リールにはバッキングラインと呼ばれるリールの径を太くするためのイトをまず巻き、そこにフライラインを接続する。ここではその手順を解説しよう

スプールにバッキングラインを巻く

③片方の手でバッキングラインを挟み、一定のテンションを掛けながらスプールに偏りなく巻いていく。この時、バッキングラインを巻いているスプールとリールのスプールは面を合わせてラインがねじれないようにする

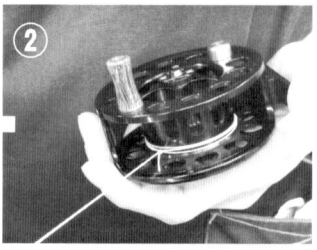

②ノットは最後までしっかり引き絞り、スプールの上で空転しないようにする

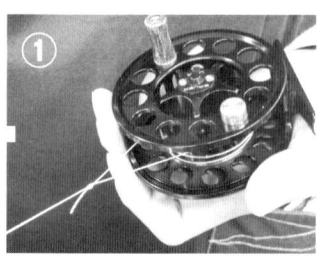

①アーバーノット（P62）またはユニノット（P60）を使ってバッキングラインをリールのスプールに巻く

◆リールの回転方向を確認する

リールには右巻きのものと左巻きのものがある（中には右巻きと左巻きの両用もある）。巻いた時に軽く回転する方向がそのリールの正転方向で、逆に重くなる方向がそのリールの逆転方向だ。正転方向が右回りであれば右巻き、反対であれば左巻きとなる。リールによっては巻き方向を変更することもでき、説明書に記載されているが、分からない場合や右巻き左巻きを変更したい場合は購入店などで相談しよう。

◆バッキングラインを巻く

回転方向を確認したら、リールに「バッキングライン」と呼ばれる下巻き用のイトを巻く。バッキングラインは細くて強い撚り糸だ。バッキングラインには大きく2つの役割がある。

1つはフライラインの予備。フライラインは通常25～30ｍの長さがあるが、魚がそれ以上ラインを引っ張り出した時には予備のラインが必要になる。もう1つは、フライラインをリールに直接巻いてしまうと、多くのリールでは中心部に巻かれたフライラインに強い巻き癖が付いてしまう。そこで、あらかじめバッキングラインを一定の量巻いておくことで、フライラインが巻かれる部分の径を大きくしておく役割がある。

バッキングラインはラインの量に合わせて巻く。通常は45ｍ（50ヤード）～90ｍ（100ヤード）のバッキング専用ラインを巻くが、ソルトウォーター専用ラインなどでは限られたスペースに細く強いバッキングラインを入れるため、PEラインを200ｍ以上入れる場合もある。

◆バッキングラインの結び方

アーバーノットを使ってバッキングラインをスプールに結んだら、次にバッキングラインにテンションをかけながらリールに巻いていく。この時、フライリールにはスピニングリールやベ

バッキングラインにフライラインをつなげリールのスプールに巻く

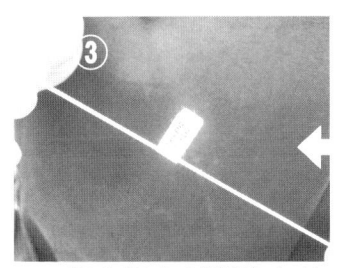

③フライラインの後端側をバッキングラインに結ぶ。後端側にはシールが貼られている場合が多いが、結ぶ時には剥がしてよい

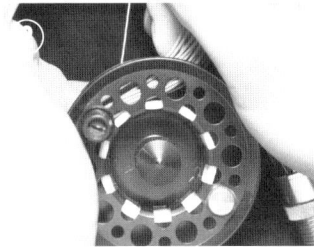

②バッキングラインをどれくらい巻いた時点でフライラインを接続したらよいかは、このようにフライラインの束（プラスチックのスプールから外したもの）をバッキングラインを巻いたリールにあててみるとある程度判断できる。押し当てたラインの厚みと同じくらいの余裕がリールのスプール内にまだ残るようであればバッキングラインの量はちょうどよい（フライラインはリールに巻くと2倍くらいの厚みに膨らむため）。なお、フライラインはリールに巻く前にプラスチックのスプールに戻しておく

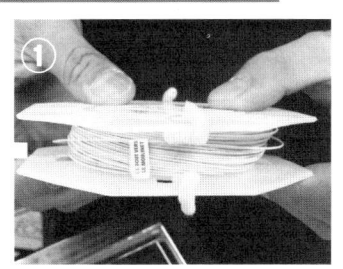

①バッキングラインを巻き終わったら、次にフライラインをバッキングラインに接続する

⑥フライラインはこれくらいの量でリールに収まればベスト。まったく余裕がないとあとでラインが入りきらなくなる場合があり、少なすぎると癖が付きやすくなる

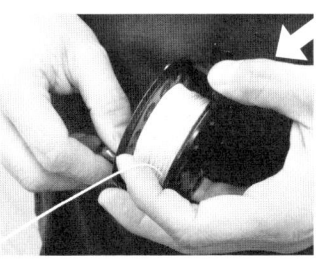

④バッキングラインとフライラインはオルブライトノット（P63）で接続する

⑤バッキングラインと同じように、スプール面を合わせてフライラインをリールに巻き取っていく。テンションはあまり強く掛けなくてよい

◆ **フライラインを巻く**

バッキングラインを巻いたら、その先にフライラインを接続する。バッキングラインとフライラインはオルブライトノットで結ぶ。次にリールにフライラインを巻いていく。フライラインはあまりテンションを掛けずに巻こう。テンションを掛けすぎると巻き癖が付きやすくなる。ひととおりラインを巻いてみて、もしフライラインがリールに入りきらない場合は、面倒でもバッキングラインを出してカットし、全体がちょうど収まるように調整する。バッキングラインをほとんど出してもラインが入りきらないような場合はラインが小さすぎるということだが、購入時にリールのキャパシティーをチェックしていればそのような問題はほぼ避けられる。

イトリールのようにラインワインダーがないため、片寄らないように調整しながら巻いていく。

第7章：フライタックルを詳しく知ろう

リールまわりの用語集

製法

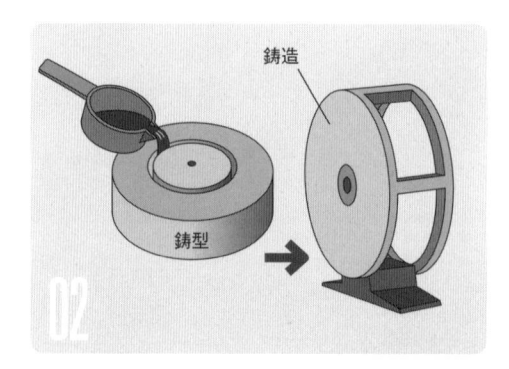

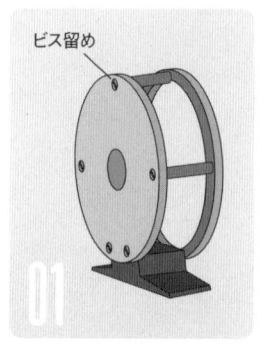

01 ビス留め
アルミ、ラバー、ニッケル合金などからできた各パーツをビスで結合する、もっとも古い製造法。仕上がりはクリーンだが、腐食にはあまり強くない

02 鋳造
型に金属を流しこんで作る方法。大量生産向きでもっとも安価な製造法といえる。塗装さえしっかりすれば海水でも使える製品になる

03 機械切削
金属のムク棒から旋盤でボディーやスプールを削り出して作る方法。強度が確保でき、耐食性にも強く仕上げることができる

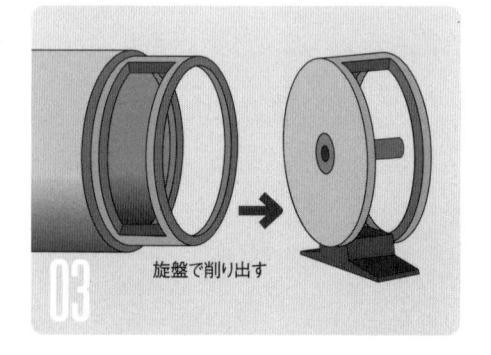

タイプ

05 片軸受け
現代的リールのほとんどがこれを採用している。片側のボディーから伸びる芯棒にスプールを差し込むタイプ。よく設計すれば強度も精度も出る

04 両軸受け
スプール軸の両端をフレームが支える構造。簡単に強度が出せるので、昔の大もの用リールがよく採用した。ワンタッチでスプール交換ができないのが難点

リールを巻く方向について

フライリールは購入した時に右手巻きと左手巻きのどちらかに設定されているのが普通だが（おもにディスクブレーキによるドラグシステムが付いたモデル）、本来はどちらの手で巻いても構わない。

たとえば同じように右利きの人がマス釣りをする場合でも、アメリカでは左手でリールを巻く人が多く、それに対して日本では7〜8割くらいの人が右手でリールを巻く。これはアメリカではロッドを利き手でしっかり支えながら、同時に反対の手でリールを巻くことを好む人が多く、それに対して日本では、魚が掛かったら手でフライラインをたぐってまず魚を手もとまで寄せ、その後に利き手で一気にリールを巻いてフライラインを回収することを好む人が多いことが影響していると考えられる。

渓流や湖で使うサイズのリールは、初めに右手巻きか左手巻きのどちらかに設定されていても、あとから好みの回転方向に調整・変更することができる。ただし、作業の途中でパーツをなくしてしまうと厄介なので、基本的には最初から自分の好みに合った巻き方向のリールを買うようにし、あとから変更したくなった時は、購入店や製造元のメーカーに相談してみよう。

スプールタイプ

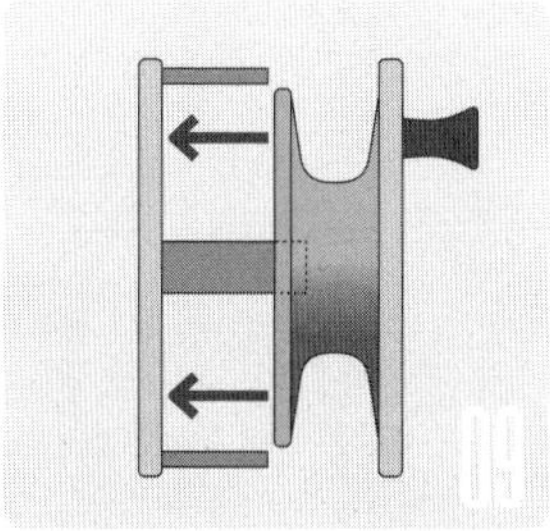

アウトスプール
片軸受けリールで、スプールがフレームの外に被さるタイプ。強くぶつけるとリムが変型して回転しなくなる危険もあるが、微妙な逆転コントロールが可能

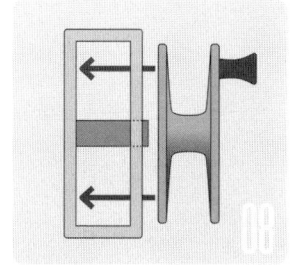

インスプール
片軸受けリールで、スプールがフレームの内側に収まるタイプ。強度はあるが、微妙な逆転コントロールは難しい

制動方法

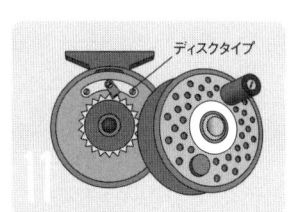

ディスクドラッグ
ディスクに圧力を加えることで制動力を得るタイプ。引きの強い魚を止めるために設計され、淡水や海水の大ものの向きに適用されることが多い

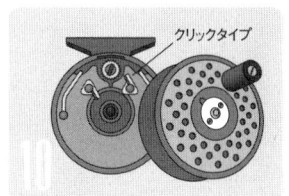

クリックドラッグ
簡単なバネと歯車の組み合わせで制動力を得るタイプ。ラインのバックラッシュを防止することを主眼とした機構であり、おもにライトラインの淡水用

ギア比

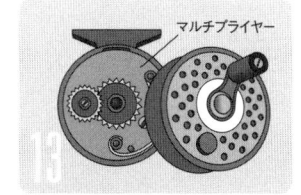

マルチプライヤー
ハンドルとスプールが独立していて、ハンドルよりスプールが速く回転する機構。巻き取り速度が重要な釣りに使うが、複雑なため故障には弱い

シングルアクション
ハンドルがスプールに固定され、ハンドル1回転でスプールも1回転するシンプルな設計。圧倒的多数のリールがこの機構を採用している

巻き取り方法

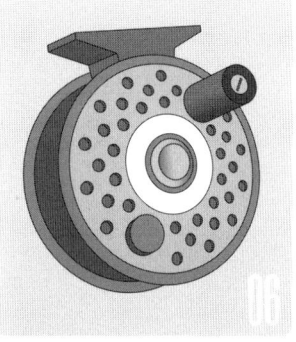

ダイレクトドライブ
ハンドルがスプールに固定されているタイプ。もっとも一般的であるが、極めて引きの強い魚を相手にするときには、逆転時に手を怪我する可能性もある

アンチリバース
ハンドルとスプールが独立しており、スプールが逆転してもハンドルは静止するタイプ。安全だが、慣れないと逆転時に滑りっぱなしになることも

139　第7章：フライタックルを詳しく知ろう

フライライン　Fly Lines

1本5000円〜1万円ほどで手に入るフライラインは、
ロッドと並んでこの釣りの要となるアイテムだ。独特な形状や性質を理解しておこう

フライラインは全長30mくらいのものがプラスチックのスプールに巻かれて販売されている。まずは釣り場に合った番手のものを選ぼう

ラインの基本情報（形状、番手、タイプ）はパッケージの外に貼られたラベルで分かる。この場合は「ダブルテーパー（DT）」で「2番」の「フローティングライン（F）」ということだ

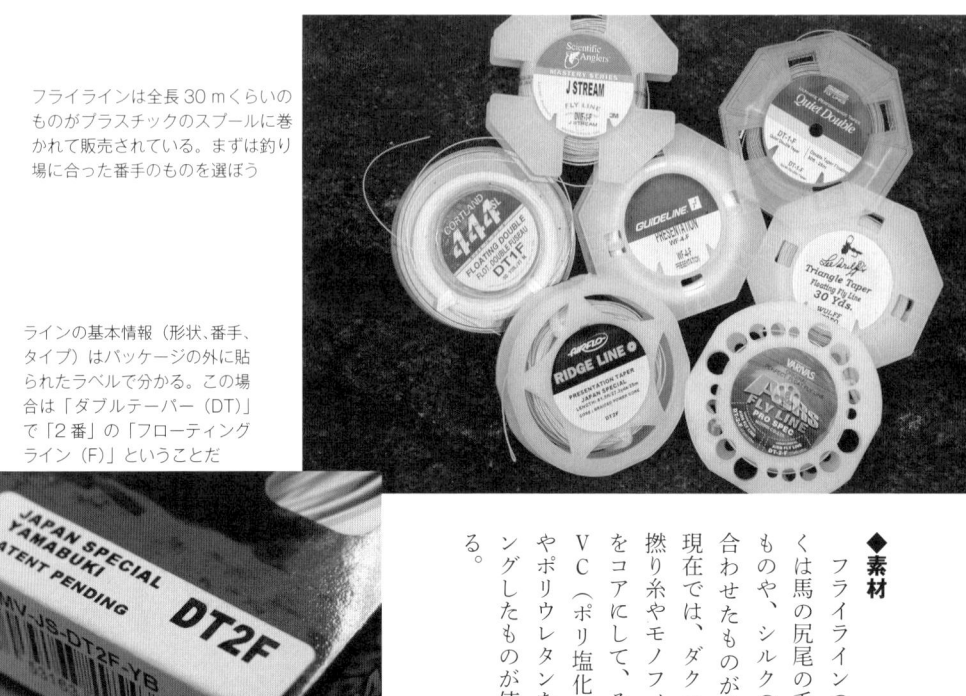

◆素材

フライラインの素材は古くは馬の尻尾の毛を編んだものや、シルクの糸を撚り合わせたものが使われた。現在では、ダクロンなどの撚り糸やモノフィラメントをコアにして、その上にPVC（ポリ塩化ビニール）やポリウレタンをコーティングしたものが使われている。

◆番手

フライラインには番手があり、その数字はAFTMA（American Fishing Tackle Manufacturers Association）規格と呼ばれるものによって、先端30フィート（約9m）の重さによって決められている。スペイラインと呼ばれる特殊なラインは別の規格があるが、ここでは通常のキャストに使うラインについて説明しよう。

番手と重さの関係は別表の通りになっていて、水面に浮くフローティングラインも水中に沈むシンキングラインも基準は同じである。フライロッドの項で説明したロッドの番手とは、このフライラインの番手のことだ。4番ロッドは4番ラインに適したロッドということになる。

一般的には、低く軽い番手のラインに適したロッドは軟らかくなり、高く重い番手のラインに適したロッドは硬くなる。

KNOWLEDGE OF FLY TACKLES　140

○AFTMAライン重量基準
1グレイン＝0.0648g

# (番手)	重量	
	グレイン	グラム
#1	60	3.9
#2	80	5.2
#3	100	6.5
#4	120	7.8
#5	140	9.1
#6	160	10.4
#7	185	12.0
#8	210	13.6
#9	240	15.5
#10	280	18.1
#11	330	21.4
#12	380	24.6
#13	450	29.2
#14	500	32.4
#15	550	35.6

ウエイトフォワード（WF）
「ヘッド」と「ランニングライン」の二段構造。ラインの後ろ側を非常に細くして重さとガイドとの抵抗を減らし、シュートするとよく飛ぶ。ただし、ヘッドより後ろを出さない状態では、ダブルテーパーとそれほど大きな使い勝手の差は出ない。ヘッドの形状にさまざまなバリエーションがある

ダブルテーパー（DT）
ラインの両端だけを徐々に細くしたもの。両端を除いた大部分は均一の太さになっている。極端に細くなる部分がないため、キャスティングやメンディングのしやすさが、ロッドティップから出しているラインの量に左右されにくい

シューティングテーパー（ST）
シューティングヘッドともいう。ウエイトフォワードのヘッドにあたる部分だけのライン。使用する際は、シューティングラインと呼ばれる極細のラインを別に購入して接続する。よりロングキャストがしやすい、ヘッド部分の交換だけでほかのラインに付け替えられる、シンキングラインならより早く沈めることができる（WFと比べてもさらにシューティングラインを細くできるため）といったメリットがある

レベルライン（L）
全体の太さが同じライン。通常のフライラインにこのタイプはないといってよく、たとえばシューティングヘッドに接続するシューティングラインのうち、フライラインと同じ製法で作るものなどがこれにあたる

◆形状

フライラインは全長が25m（85フィート）～30m（100フィート）ある。代表的なものはいくつかの形状があり、代表的なものはウエイトフォワード（WF）とダブルテーパー（DT）だ。ウエイトフォワードは先端から10m前後が太く、その後ろが細く均一になっている。ダブルテーパーはラインの両端にテーパーがあり、中間が均一に太くなっている。

ウエイトフォワードは遠投しやすく、高番手の硬いロッドに使われることが多い。ダブルテーパーはラインの前後が同じ形をしているので、ラインの先端が傷んだらひっくり返して後端を前にして使うことができる。そのため、飛距離をそれほど必要としない低番手のロッドに使われることが多い。

最近では、ダブルウエイトフォワード（DWF）と呼ばれる形状のラインもある。ラインの前後をひっくり返して使えるウエイトフォワード型のラインだ。

ビギナーが6番以上のロッドを使う場合は、遠投性能の高いウエイトフォワードがおすすめだ。5番以下のロッドを使う場合はウエイトフォワードでもダブルテーパーでもどちらでも構わない。

このほかに、シューティングテーパー（シューティングヘッド）と呼ばれるラインがある。ちょうどウエイトフォワードラインのヘッド部分だけが独立した形のラインで、後端にランニングライン（もしくはシューティンググライン）と呼ばれる細く均一な30m前後のラインを接続して使う。通常、ランニングラインはウエイトフォワードラインの後ろのラインよりもさらに細いためラインをシュートしたあとの抵抗が少なく、ヘッド部分をより遠くへ楽に投げることができる。ただし、ウエイトフォワードラインやダブルテーパーラインに比べるとキャストがやや難しいため、入門者には向かない。最初はこういったラインがあるということだけを覚えておこう。

141　第7章：フライタックルを詳しく知ろう

◆タイプ

フライラインには水面に浮かぶフローティングラインと水中に沈むシンキングラインがある。シンキングラインには、沈むスピードを表わすシンクレートがあり、数字が大きくなるほど沈むスピードが速い。シンキングラインは湖、池、海などの釣り場で一定の深さにフライを泳がせる時に使う。

このほかに、フローティングラインの先端部分だけが沈むようになっているウェットチップ（またはシンクティップ）と呼ばれるラインがある。これは、先端の4〜5mだけがシンキングラインで、その後ろがフローティングラインになっているラインのことで、川の中流域や下流域で使われる。

◆色

フローティングラインは同じ番手でも、オレンジ、イエロー、グリーンなど数色のものが用意されている。使う色は好みで構わないが、フライキャスティングに慣れていない人は明るく見やすいカラーを選ぼう。

シンキングラインは、タイプ2がオリーブ、タイプ4がグレーといったように、同じシリーズのラインの中でシンクレートごとに色分けされている場合が多い。これはラインの色を見ただけで、シンクレートが判別できるようにするためだ。全体的には水中で目立たない地味な色になっている。

◆テーパーデザイン

フライラインにはさまざまなテーパーデザインがある。テーパーとはフライラインの太さを徐々に変えることだ。ひとくちにウエイトフォワードライン、ダブルテーパーラインといっても、どの部分をどれだけ太くするか、あるいは細くするかでラインの飛び方や性質が変わってくる。そのため、メーカーはさまざまなタイプのテーパーデザインを考えた商品にしている。たとえばジャパンスペシャルやJストリームと名づけられたラインは、日本の渓流釣りで使いやすいよう、小さなフライを繊細に水面に運びやすいテーパーデザインになっている。これらはほ

◆コーティングと寿命

フライラインにはさまざまなコーティングが施されている。特にフローティングラインはその種類が多い。代表的なのはラインの滑りをよくするもの、浮力を高めるものなどだ。これらの違いによってキャストのしやすさも変わってくるので、入門者であってもあまりグレードの低いラインはおすすめできない。

ラインの表面に細かい亀裂（ひび）が入ってきたり、硬くなって巻き癖が取れなくなってきたら交換時期だ。ラインの寿命は使っている頻度や場所などでも変わるが、よく使っているラインであれば1シーズンか2シーズンがラインが交換の目安。ダブルテーパーのラインであればひっくり返して2回使えるので寿命は倍になる。また、フライラインを使用後にラインクリーナーなどで掃除すると寿命が延びるので、これらのグッズを利用し小まめに手入れするのが長く快適に使うコツだ。

リーダーとティペット

フライラインの先に繋ぐ透明なイトは釣りのしやすさを大きく左右する

リーダーのパッケージには詳しいテーパーデザインや用途が書かれている。それらを参考にフライラインや釣り方に合ったものを選ぼう

◆リーダー（テーパードリーダー）のサイズ表示

市販のリーダーには長さと太さを示す表示がなされている。全長はフィートで表わし、先端の太さはX（P21）で表わすので、パッケージに「9ft5X」とあれば、全長が9フィートで先端の太さが5Xのテーパードリーダーということだ。現在、リーダーにはフライラインと同じようにテーパーデザインが施されているのが普通だが、このようなものは正確にはテーパードリーダーという。

標準的なリーダーの長さは、7フィート、9フィート、12フィートの3種類だ。長いリーダーは繊細な釣りがしやすくなるが、これからフライを始める人であれば、まずはロッドと同じくらいの長さのリーダーを選ぼう。

◆素材

リーダーおよびティペットは、素材でみるとナイロン製のものとフロロカーボン製のものの2つがある。より標準的なのはナイロン製だ。フロロカーボン製はナイロンより比重が重く沈みやすいため、湖などでシンキングラインと組み合わせて使われることが多い。価格はフロロカーボン製のほうが高くなる。

◆リーダーの種類

テーパーリーダーはバット部、テーパー部、ティペット部のおもに3つのパートからできており、さまざまなシチュエーションに応じたものが市販されている。たとえばバット部の割合が大きいものはターン力（曲がったラインが復元してフライを前に運ぶ力）が

先端の太さは0〜7Xまであり、対象魚によって太さを選ぶことになる。たとえば力の強いニジマスをねらうのであれば3〜5X、渓流に住む繊細なヤマメやイワナをねらうなら5〜7Xくらいが一般的な太さになる。

ティペットはナイロン製の使用頻度が高く、あとは釣り方によってフロロカーボンも利用する

釣り場ではティペットのスプールを落として濡らすことがないよう、ベストのポケットなどに収納しよう。外にぶら下げておくより安心だ

リーダーにティペットを繋ぐ時は、リーダーの先端と同じ太さのティペットか、または少し細いティペットを結ぶ。そのほうがキャストの力がスムーズに伝わるからだ。たとえば、9フィート5Xのリーダーには、5Xか6Xのティペットを結ぶようにする。

ティペットの長さは状況によって変えるが、最初は50～100cm（1m）にするとよいだろう。ティペットはスプールに巻かれて販売されていて、だいたい一巻きが30～50mである。

素材はリーダーと同様、ナイロン製とフロロカーボン製があり、一般的にナイロン製のティペットはしなやかでドライフライを使う場合はフライが自然に流れやすい。一方、フロロカーボン製のティペットは、ナイロン製に比べて擦れに強く、またナイロン製より光らないのでティペットの存在感を消しやすいという特徴がある。なお、特にナイロンティペットは水に濡れると少しずつ強度が落ちるので、釣り場でスプールを落とさないようにしよう。

強く、大きいフライを使う場合に適している。ティペット部の割合が大きいものは、小さなフライを静かにターンさせ、かつ流れのある場所でフライをより自然に流すのに向いている。また、素材の硬さや軟らかさを変えることでもリーダーの性質は変わる。

いろいろなリーダーを試してみるのも面白いが、まずはナイロン製のスタンダードなタイプがおすすめだ。このほか、リーダーにはブレイデッドリーダー、ポリリーダー、バーサリーダーといった種類のものもあるが、初めのうちはそのようなものもあるということだけを覚えておこう。

◆ティペット

ティペットはリーダーの先に結ぶラインで、エサ釣りでいうところのハリスである。フライフィッシングではリーダーの先にティペットを繋ぎ、その先にフライを結ぶ。ティペットの太さはリーダーと同じくXで表わされ、通常0～10Xまでの太さがある。数字が大きくなると直径が細い。

第8章
TYING YOUR OWN FLIES

タイイングにチャレンジしよう

フライフィッシングの大きな楽しみにタイイングがある。タイイングは一見すると難しそうに見えるかもしれないが、入門書やDVDを参考にすれば誰でも簡単に始められる。自分で巻いたフライで魚を釣ってみよう

必要な道具と材料

基本的な巻き方や道具はどんなフライパターンも一緒。
まずは最低限のツールをそろえよう

「バイス」
タイイングの土台となるツール。ジョーと呼ばれる先端部分にフックを挟む。価格は5000円程度の安価なものから、5万円を超える高級機種まで幅広いが、長くタイイングを楽しむなら初めから高品質のものを手に入れるのがおすすめ

「スレッド／ボビンホルダー」
フライを巻く時は、スレッドと呼ばれる専用のイトでフックにマテリアルを巻き留める。スレッドはボビンホルダーにセットして使用。色と太さはいろいろあるが、まずは黒や茶色の8/0（ハチゼロ）が使いやすい

フライの種類はたくさんある。そのため、「フライの巻き方も数限りなくあって難しそう……」と思う人もいるかもしれない。でも大丈夫。実際は、1本のフライを巻く時のプロセスは、どんな種類のものでも大きな違いはない。そのため、何か1つのフライを巻いてみるだけでも、慣れてくれば本や雑誌の記事を見ながら、自分でほかのパターンを巻けるようになる。

フライを巻くための道具は、入門者向けにシンプルなツールがセットになったもので5000円くらいからあり、そのほかの材料も入ったフルセットだと1万円弱で販売されている。

タイイングの基本的な順序は、フックをバイスにセットし、そのフックにスレッドをある程度巻いて下地を作り、その下地の上に順序よく、鳥の羽根、シカの毛、化学繊維といった各種の材料（マテリアルと呼ぶ）を巻き留めていくというものだ。スレッドは最後にアイの後ろでハーフヒッチャーやウィップフィニッシャーといったツールを使って結び留め、余りをカットする。

タイイングに使用するハリは、フライフックと呼ばれる専用のフック。巻きたいフライに応じてさまざまなデザインのものが販売されていて、日本製のフライフックは海外でも高く評価されている。ほかの釣りバリと違い、巻いた時、魚を掛ける性能だけではなく、巻いた時に水生昆虫や小魚のシルエットになるように考えられているのが特徴だ。

ている。もちろん、より上手に、よりきれいに巻くにはコツや経験も必要だが、それなりに巻いたフライでも魚は充分に釣れる。

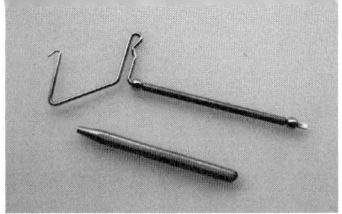

「ハーフヒッチャー（下）/ウィップフィニッシャー（上）」
スレッドでマテリアルをフックに巻き留めたら、最後は解けないようにそのスレッドをフックに結ぶ。その時に使用するのがハーフヒッチャーやウイップフィニッシャー。ハーフヒッチャーのほうがより簡単に使える

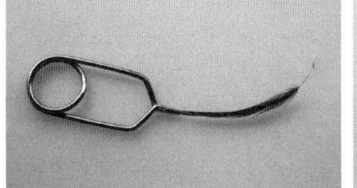

「ハックルプライヤー」
数あるマテリアルの中でも頻繁に使う、ハックル（おもにニワトリの羽根）を摘むためのツール。ハックルは指で持つと滑りやすいので、いろいろな場面でハックルプライヤーが必要になる

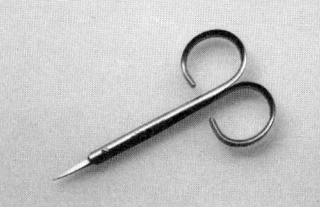

「シザーズ」
スレッドの余りはシザーズ（ハサミ）でカットする。タイング用のシザーズには刃先がストレートのものとカーブしているものがあるが、使いやすければどちらを使用してもよい

「ヘアスタッカー」
ヘアマテリアル（エルクヘアなど）の毛先をそろえるツール。切り取ったヘアをまとめて筒の中に入れ、机を叩くようにして軽くゆすると毛先がそろう。エルクヘア・カディスを巻く時の必需品

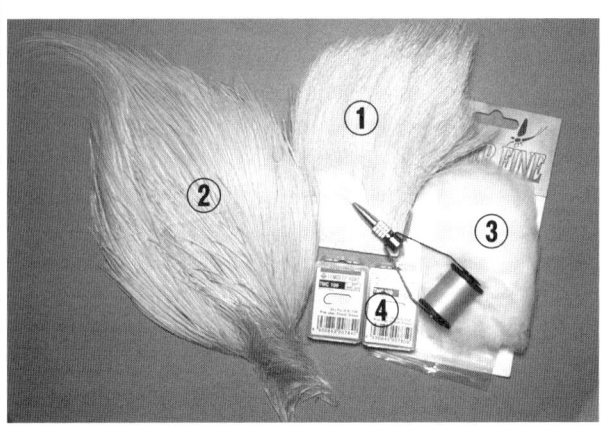

「各種のマテリアル」
たとえばエルクヘア・カディスを巻くにはこれらのマテリアルを使う。①アメリカで採れるシカの仲間（エルク）の体毛。小分けにされたものが販売されている。②ハックル（ニワトリの羽根）。タイングの時は1本ずつ羽根を外して使う。③ダビング材。フライのボディーを巻く時に使われる化学繊維。いろいろなカラーがあり、繊維を少しずつ指でちぎってからタイング用のスレッドに縒り付け、そのスレッドをフックに巻く。④フライフック。フライを巻くための専用のフック。ドライ用、ニンフ用、ウエット用、ストリーマー用、さらにはサビに強いソルトウオーター用などさまざまな種類がある。フライにティペットを結ぶところは「アイ」、タイングの土台になる平らな部分は「シャンク」、フック後端の曲がっているところは「ベンド」、ベンドにより形作られるそのフックの懐(フックが開いている幅)のことは「ゲイプ」という

なお、フックを含めたフライのマテリアルは、特殊なものでない限りどれもそれほど高いものではない。数100円で買えるものも多く、ハックルなどの大きなマテリアルは5000円以上するものもあるが、その場合は1つ購入すればそれこそ何本もフライが巻ける。いずれにしても、使いやすく質のよいマテリアルを選ぶのがコツなので、プロショップなどの販売店ではスタッフに相談してみよう。

第8章：タイイングにチャレンジしよう

「エルクヘア・カディス」を巻く

ぽっかり浮いてよく釣れる定番のドライフライ

必要な材料
- ●フック……ドライフライ用のフック#10〜16
- ●スレッド……8/0（ブラック、ブラウン、イエローなど）
- ●ボディー……ダビング材（ブラウン、イエローなど）
- ●ボディーハックル……コックネック・ハックル（ブラウン、グリズリーなど）
- ●ウイング……エルクヘア（ナチュラルか白がおすすめ）

※それぞれのマテリアルのカラーは好みで選んでよい

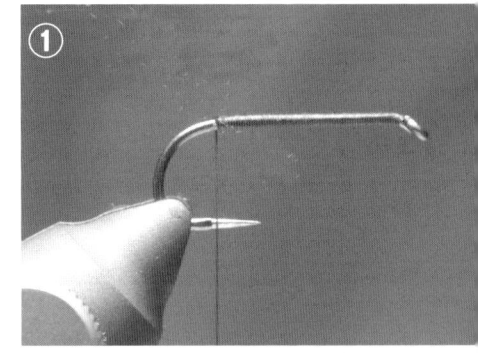

①バイスにフックをセットしたら、まずシャンクいっぱいにスレッドを巻く。どこから巻き始めてもよいが、ある程度巻いたら最後にスレッドをシャンクの後端に移動する

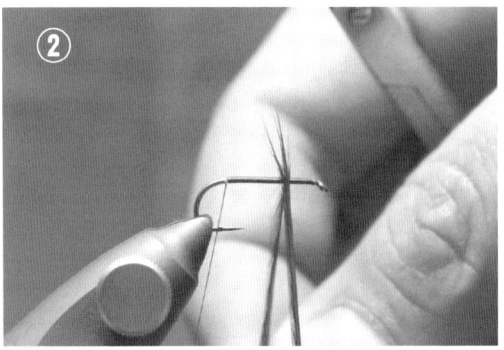

②コックネックからボディーハックルに巻くためのハックルを抜き取る。ハックルは抜き取る前に写真のようにシャンクに当ててみて、ファイバー（毛）がゲイプ幅の1.2〜1.5倍くらいになるものを選ぶ

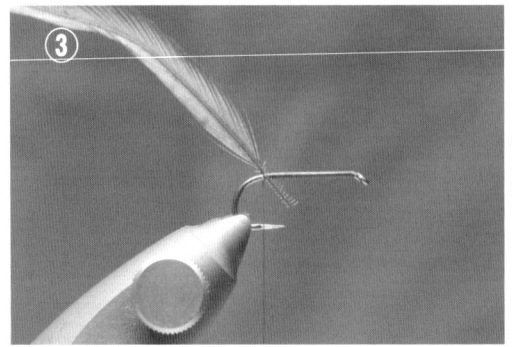

③抜き取ったハックルは根もとのファイバーを少しだけ残してシザーズでカット。前に向かって巻いた時に、裏側（光沢のない側）が前を向くように、シャンクの後端にスレッドで巻き留める

TYING YOUR OWN FLIES 148

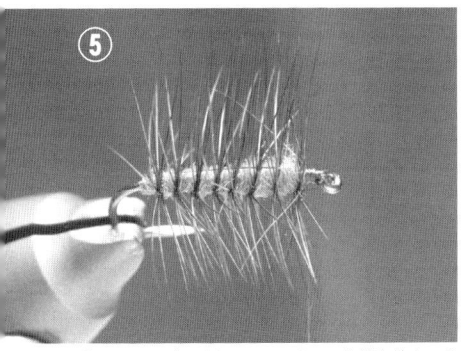

⑤ハックルプライヤーでハックルの先端を摘み、6回転くらいを目安に等間隔で前に向かってハックルを巻く。アイの後ろのスペースまでハックルが来たら、スレッドでハックルをシャンクに巻き留め、余りはシザーズでカットする

④スレッドにダビング材を縒り付け、写真くらいの厚みになるまでボディー（ダビングボディー）を巻く。あとでウイングを取り付けやすいよう、アイのすぐ後ろにはダビング材を巻かずに数mmのスペースを空けておく

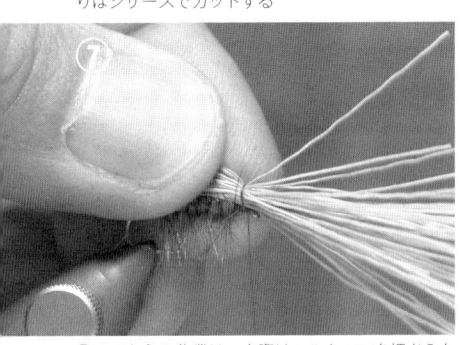

⑦ここからの作業は、実際はエルクヘアを押さえた指を最後まで開かず、すべて閉じた指の中で行なう。ここでは、分かりやすいようにわざと親指をずらしている。まず、アイの後ろに作っておいたダビング材を付けていない場所で、エルクヘアにゆるいテンションで2回転スレッドを掛ける

⑥ヘアスタッカーで毛先をそろえたエルクヘア適量をボディーの上に乗せ、ウイングの長さを確認する。ウイングはエルクヘアの先端がベンドよりもややはみ出すくらいの長さで留めるとバランスがよい。このあとエルクヘアの束は反対の手に持ち替える

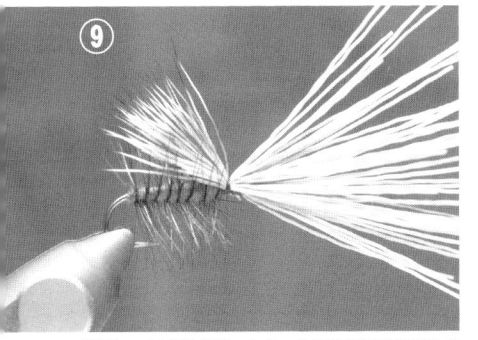

⑨スレッドを引き絞ったら、そのまま同じ場所にさらに3〜5回スレッドを巻き重ねる。そこまでの作業が終わってから、エルクヘアを押さえている左手を離すと、写真のようなウイングが出来上がる

⑧2回転分のスレッドが掛かったところで、今度はスレッドが切れない程度の強めのテンションで、真下に向かってゆっくりと引き絞る。すると、エルクヘアは写真のようにふわっと広がるが、実際には指を閉じているのでこの状態は見えない

第8章：タイイングにチャレンジしよう

⑪ 指を離すと前側のエルクヘアはこのようになり、あとでフライにティペットも結びやすくなる

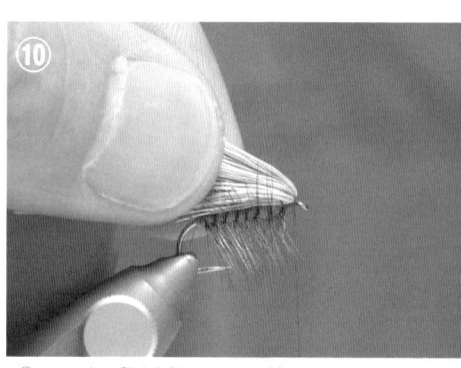

⑩ スレッドで留めた部分よりも前側のエルクヘアを指で摘み、写真のように真後ろに引っ張って持ち上げたら、根もとの部分（アイの後ろ）にスレッドを数回巻く。こうするとウイングのエルクヘアがさらにずれにくくなる

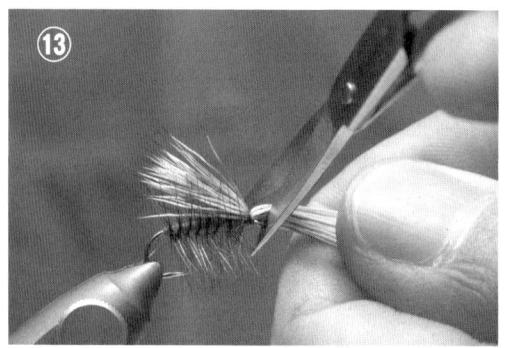

⑬ 前側のエルクヘアを引っぱり、アイにシザーズを当てるようにしてカット

⑫ ハーフヒッチャーを使ってスレッドをアイの後ろに巻き留める。ハーフヒッチャーの先端部分にスレッドを2回巻き付けたら、ハーフヒッチャーの先端にフライのアイを入れ（写真の状態）、そのままスレッドを引き絞るとアイの後ろでスレッドを結ぶことができる

⑮ エルクヘア・カディスの完成。渓流、止水の管理釣り場、湖といろいろな場所で使える代表的なドライフライだ。いろいろなサイズを巻いてみるのも効果がある

⑭ ハーフヒッチした場所には、ヘッドセメント（タイイング用の接着剤）を塗って補強をしてもよい。その際は、ボドキンと呼ばれる太いハリのようなツールを使う

第9章

MASTERING ADVANCED CASTING SKILLS

キャスティングのステップアップ

フライフィッシング上達のカギを握る最大の要素はキャスティングだ。
最後に紹介するのは、1人でもできる5段階のキャスティングの練習法。
フライラインを思いどおりに操れれば、
どんなフィールドでも気持ちよく釣りができる

①フォルスキャストでループを作る

フライキャスティングのレベルアップは、
ピックアップ＆レイダウンを応用したシンプルなフォルスキャストから始めよう

ヤーンを使い芝生の上で練習する

フライの代わりになるヤーン（フライの材料として売っている蛍光色のエッグヤーンなどがよい）は3cmくらいにシザーズで切り出す

ヤーンの真ん中にリーダーの先端もしくはティペットをしっかり結ぶ

フライキャスティングの練習は河川敷や広い公園など、周囲の迷惑にならず、かつフライラインを傷つけにくい場所で行なう。ロッドは6番くらいを使い（低番手のラインは風の影響を受けやすい）、ほかにフライの代わりに結ぶヤーン、リーダー、目を保護する偏光グラスなどを用意しよう。リーダーはキャスティング練習であっても必ず結ぶ

　ピックアップ＆レイダウン（P72）やロールキャスト（P78）でごく初歩的なキャスティングを身につけたら、次に目差すべきは「安定したループを作るフォルスキャスト」と「ホールを取り入れたキャスティング」の習得だ。

　フォルスキャストとは、フライラインを地面（水面）に落とさず何度か空中で前後させることをいい、ホールとはキャスティングの動作中に、ロッドを持っているのとは反対の手でラインを引っ張るテクニックのことをいう。

　安定したフォルスキャストができると、フライ（ドライフライ）を乾かし、かつねらったところへ正確に届けることができるようになる。また、ホールができると、ラインスピードが上がり非常にパワーのあるキャスティングができるようになる。これらを身に付けるには、やはり一定の練習が欠かせない。

　ここで紹介する「安定したループを作るフォルスキャスト」「バックキャストのホール」「フォワードキャストのホ

MASTERING ADVANCED CASTING SKILLS　152

まずはフライラインをロッドと一緒に持って正確にフォルスキャスト

フォルスキャストの練習は、ラインをロッドを持つ手で一緒に握る最もシンプルなキャストから始める。このあと正確なホールを身に付けるには、この段階で手もとのラインを反対の手（ロッドを握っていないほうの手）で持たないほうがよい

②ラインが伸びたら今度は前方に向かってロッドを振り下ろすが、ピックアップ＆レイダウンの時とは違い、ロッドは水平まで下げきらず、前方30〜45度の角度でストップする。するとラインは水平方向にループを作って飛んでいく。その時、肘が伸びないように注意する。これがフォワードキャスト

①9mほどのライン（＝ウエイトフォワードラインのヘッド部分）をフライロッドから出して地面に置いたら、ピックアップ＆レイダウンの要領で斜め後ろに向かってまっすぐ投げ上げ、ロッドを持つ手を顔の横でストップして、ラインが後方に伸びるのを待つ。ロッドは30〜45度を目安に後ろに倒しすぎないこと。これがバックキャストになる

③バックキャストとフォワードキャストを1セットとして、ラインを途中で落とさないようにしながら5回以上キャスティング（＝フォルスキャスト）を繰り返す。そして、特にフォワードキャストの時に、ラインの動きを目で追ってきれいなUの字を描いているかを確認する。このUの字がキャスティングのループだ

④フォルスキャストを5回ほどやったら、そのままフォワードキャストの最後にロッドを下げてラインを着地させる。フォルスキャストが安定し、いつでもまっすぐラインを自分の前に置けるようになったら、最初の段階は終了だ。ラインがUの字を作らず空中で交差して絡んでしまう時は（＝テイリングという）、急激に力を入れてロッドを振ってしまっている場合が多い。ロッドは常にゆっくりスムーズに動かすようにしよう

ール」「ダブルホールを使ったフォルスキャスト」「シュート」の5段階の練習を実践して、フライキャスティングをレベルアップさせよう。

②バックキャストのホール

キャスト中にラインを引くホールのテクニックは、
まずバックキャストから始めて感覚を掴む

リールからフォルスキャストの時よりも
ラインを少し余分に出し、
利き腕でロッド、反対の腕でラインを
掴んでホールの練習開始

①バックキャスト時のホールの練習は、フォルスキャストで自分の前にまっすぐにラインを伸ばして置いてから始める。まずロッドを地面に向けて下げ、手もとのフライラインはロッドを持っているのと反対の手でしっかり摘まんで、そのままロッドを握る手のそばに置く

②ここから先のロッドを持つ手の動きは、フォルスキャストのバックキャスト（あるいはピックアップ＆レイダウンのピックアップ）とまったく同じ。そして、ラインを摘まんでいる手はキャスティングの中盤までロッドを動かす手に添えるようにして一緒に持ち上げてくる

③両手を添えたままロッドを垂直近くまで立てていく。ここでは撮影のためゆっくり動かしているが、実際には通常のバックキャスト（あるいはピックアップ）と同じスピードである程度素早く動かす

ラインはこのように親指を上に向けた状態で親指、人差し指、中指の3本で摘まもう

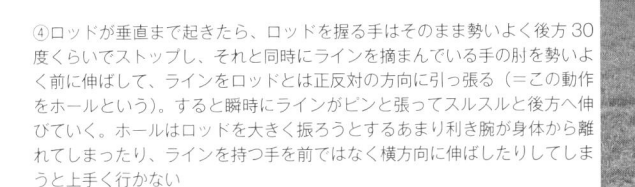

④ロッドが垂直まで起きたら、ロッドを握る手はそのまま勢いよく後方30度くらいでストップし、それと同時にラインを摘まんでいる手の肘を勢いよく前に伸ばして、ラインをロッドとは正反対の方向に引っ張る（＝この動作をホールという）。すると瞬時にラインがピンと張ってスルスルと後方へ伸びていく。ホールはロッドを大きく振ろうとするあまり利き腕が身体から離れてしまったり、ラインを持つ手を前ではなく横方向に伸ばしたりしてしまうと上手く行かない

ここが大切！

⑤ラインが後方へ伸びていくのに合わせて、ラインを摘まんでいる手をロッドを握っている手のすぐ近くに戻す。両手が合わさった時に、ラインが後方に引かれてたるみがなくなったら、バックキャストのホールはだいたい成功している

⑥ホールがうまく行ったと思ったら、フォワードキャストはせずそのままラインを後ろに着地させてみる。着地したラインがまっすぐに伸びていれば本当に成功だ。まずはこれができるようになるまで、何回もバックキャストのホールだけを練習する

③フォワードキャストのホール

バックキャストでホールの練習をする時は、
合わせてフォワードキャストでもラインを引いてみる

フォワードキャストのホールは、バックキャストのホールでラインが後方に伸びきった状態から開始する

①バックキャストのホールでラインを伸びきった状態に地面に置いたら、そのまま両手を添えた状態からフォワードキャストを開始する

②バックキャストの時と同じように、ロッドの振り始めは両手を添えるように動かして徐々にロッドを立ててくる

③ロッドが垂直近くまで立つタイミングで、ロッドを握る手はしっかりフォワードの位置でストップし、それと同時にラインを摘まんでいる手を今度は勢いよく後ろに向かって引く(=ホール)

④するとバックキャストでホールをした時と同じように、ラインを摘まんでいる手が伸びて行こうとするラインに引っ張られるので、その動きに合わせてラインを持つ手をロッドを振っている手に合わせるようにする

⑤フォワードキャストを止める位置まで完全にラインを摘まんでいる手を戻したら、フォワードキャストのホールは完了

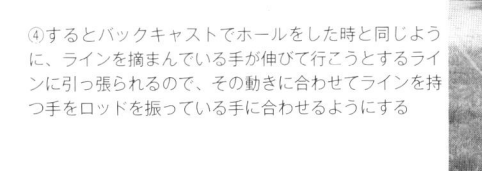

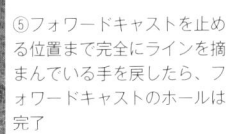

⑥バックキャスト同様、フォワードキャストでホールを練習する時も、まずは1回のキャストごとにラインを地面に置き、まっすぐ伸ばしきって着地させられるかを確認する

④ホールを使ったフォルスキャスト

前後のホールでそれぞれラインをまっすぐ着地させられるようになったら、そのままホールを使ったフォルスキャストを練習する

ホールを使ったフォルスキャストは、なるべくゆっくりとロッドを振ってループの形を意識して練習する

ホールを使ってラインをキャスト中に引っ張る感覚が掴めるようになると、多少の風が吹いてもラインを勢いよく飛ばし、安定したループを作れるようになる。ただし、ホールすることに気を取られるあまり、身体の軸がぶれると、かえってキャストの土台となるまっすぐな腕の振りやロッドのストップがおろそかになり、逆に安定したキャストができなくなるので注意しよう。

大切なのは「ラインとロッドを同じ手で握ってループを作るフォルスキャスト」→「バックキャストのホール」→「フォワードキャストのホール」→「ホールを使ったフォルスキャスト」の各段階で、うまく行かなくなったら1つ前に戻ってキャストをしっかり見直すことだ。新しいテクニックがうまく行かない状態でやみくもに練習すれば、かえって矯正しにくい癖が付いてしまうので、こまめに前段階に戻ることが結果的に上達を早める。

バックとフォワードの両方でホールができるようになったら、あとはそのままホールを利用して連続したフォルスキャストをやってみよう。ここまでできればキャスティングはかなり上達している。ホールを前と後ろの2回行なうことを、キャスティングの用語ではダブルホールという。

⑤シュート

ダブルホールのフォルスキャストができるようになったら、フォルスキャストの最後はシュートして終わる

②ラインが後方に伸びきるタイミングで、ホールも使いながら勢いよくラインを前方にキャストする。シュートする時は水面に向けてではなく、それよりもやや上空に向かってループを射出するとよい

①シュート直前のバックキャストでは、最後にロッドでできるだけ長い距離ラインを引っ張れるよう、ロッドを通常のフォルスキャストよりやや後ろまで倒し、充分にラインを後方に伸ばす

シュートとはフォワードキャストの最後にラインを手から離し、ラインを前方に向かって勢いよく飛び出させる操作のことをいう。基本の動きはそれまでのフォルスキャストとまったく同じだ。ただし、最後のホールはできるだけ長い距離を引くようにし、完全に引き終わったところでラインを離す。この時、飛距離を出そうと思って力み過ぎたり、ロッドを持つ手を必要以上に振りすぎるとかえってキャストの軌道や力加減が乱れてラインは飛ばないので、あくまでもロッドを持つ手はフォワードでストップし、ラインをホールする手で飛ばすイメージでシュートすると安定したループでラインが飛んでいく。効果的なシュートを身に付ける際のおすすめの練習法は、まずはラインを思い切りホールしながら、わざと最後までラインを手から離さないというものだ。するとシュートできた時は前方でラインが「パチン」と破裂音を立てるが、この音がするくらいのシュートができて初めて勢いのあるラインが前方に伸びていることが確認できる。逆に、ラインを最後まで手から離していないのに、フォワードキャストがホールの動きを含めて充分なスピードとパワーになっていないと思ってよい。

実際の釣りでは、最後のキャストも特にシュートは意識せず、普通のフォワードキャストをするくらいのつもりで、静かにラインをコントロールしたほうがよい場面も多くある。シュートはあくまで、ある条件の中で最大のキャスティング飛距離を稼ぐためのテクニックだ。ただし、風がある中で確実にねらった場所までフライを届けたい時など、役立つ場面はもちろんある。

(著者プロフィール)
白川 元（しらかわ　げん）

1961 年生まれ。プロショップサンスイ新宿店店長。フライフィッシング好きが高じて。32 歳の時に転職し現在のプロショップに勤める。国内外を問わず、小渓流、本流、湖、海まで幅広く釣行。FFF（Federation of Fly Fishers）公認キャスティングインストラクター

[執筆]
白川 元、FlyFisher 編集部
[写真]
FlyFisher 編集部
[イラスト]
幸山義昭、長岡 学
[撮影協力]
FISH・ON! 鹿留
[協力]
石川深雪、千葉琢巳、東知憲、滝元 一、森 清、備前 貢、長田規孝、稲田秀彦、柿沼健二

タックルえらびからキャスティングの覚え方まで
くわしい写真でよく分かる！
初歩からのフライフィッシング

2010 年 10 月 1 日発行

著　者　　白川 元・FlyFisher 編集部
発行者　　鈴木康友
発行所　　株式会社つり人社

〒101-8408　東京都千代田区神田神保町 1-30-13
TEL 03-3294-0781（営業部）
TEL 03-3294-0789（編集部）
振替 00110-7-70582

印刷・製本　　図書印刷株式会社

乱丁、落丁などありましたらお取り替えいたします。
©Gen Shirakawa, FlyFisher 2010. Printed in Japan
ISBN978-4-88536-183-8 C2075
つり人社ホームページ　http://www.tsuribito.co.jp
いいつり人ドットジェーピー　http://e-tsuribito.jp/

本書の内容の一部、あるいは全部を無断で複写、複製（コピー）することは、法律で認められた場合を除き、著作者（編者）および出版者の権利の侵害になりますので、必要の場合は、あらかじめ小社あて許諾を求めてください。